この1冊ですべてわかる

管理会計の基本

The Basics of Management Accounting

千賀秀信
Senga Hidenobu

日本実業出版社

まえがき

　本書は、管理会計をこれから勉強しようという方、勉強ははじめたがどのように勉強していいか迷っている方のために書いた入門書です。

　会計は、一般的に財務会計と管理会計に分類されます。
　財務会計は、IFRS（国際財務報告基準）に代表される決算書作成基準の裏付けとなる理論的な考え方です。法律の裏付けがあるため、制度会計と呼ばれます。
　財務会計に関しては、会計基準として整備され、関連書籍も多く、ビジネススクールなどでも独立した講座として多く存在しています。みなさんがよく耳にする、貸借対照表、損益計算書の読み方などは、財務会計になります。
　しかし、管理会計は「これが管理会計だ」という体系が確立されていません。なぜなら、管理会計は、企業経営を推進するときにいろいろと工夫して活用する業績管理ツールとして発展してきたからです。
　たとえば、製造部門では、製品の原価計算と原価削減、ソフトウェア開発では、開発原価の把握と削減に活用されます。営業部門では、営業所の業績の把握と評価に使います。本社では、必要人員の見積り、次期の目標利益を達成する必要売上高の算定などの判断に使えます。また3年から5年の中期計画や次期の予算策定にも、基礎データを提供します。このように、管理会計は、過去分析によるデータだけでなく、将来予測に使えるデータを提供することに存在価値があるのです。

　管理会計を理解するときは、知識を体系化して考えるよりは、会社数字をいかに経営に活かすかという視点で考えたほうが、その意義が見えてきます。そのため管理会計に関連する本は、管理会計というタイトルを使わずに「経営に活かせる会計」とか、「儲ける会計」というように読者にわかりやすいタイトルを付ける傾向があります。私も「計数感覚がハッキリわかる本」、「計数感覚ドリル」というようなタイトルの管理会計の本を書いています。
　しかし、本書は、管理会計の勉強をはじめる方のための本として、

「管理会計は、このような順番で勉強してください」というような体系や方向性を示したいと考えました。数多くある類書は、話題性を重視しており、体系的な内容を示していないことが多いのです。本書を、**管理会計の基礎固めの入門書**として役立てていただきたいと考えています。

本書では、管理会計を理解するために、3つのテーマを重視しています。3つのテーマとは、以下の通りです。

①損益分析と業績管理（損益分岐点分析と変動損益計算書の活用）
②原価管理（原価計算の基本）
③意思決定（短期利益計画と中期経営計画への活用）

これらのテーマは、経営において欠くことができないテーマです。新しいテーマではありませんが、管理会計を基本から勉強する方にとっては、必ず理解してほしいテーマです。財務会計でも重視される分野なので、財務会計を少しでも勉強したことのある方なら、関連付けて学ぶことで理解が早まるでしょう。

読者のみなさんから、この本に出会ってよかったと思っていただけるように全力で書きました。ちょうど、東日本大震災があった真っ只中での執筆でした。

新しい日本の復興に向けた活動にも管理会計の考え方が役立ちます。
たとえば、震災の損失を知るのに、**機会損失**という考え方（第5章）が役に立ちます。これらは、損害賠償の請求をするときの損害額に算入する必要があります。
復興のための本当の原価を知るために、間接費の配賦(はいふ)を工夫するABC（活動基準原価計算）も重要です（第4章）。また、今後、安全を担保するために本部で発生する間接費は大きくなることが考えられます。さらに、原発事故が、「安全のためのコスト、特に**固定費**を節約して、利益を追求してきた結果だ」とする意見もあります。固定費を使う意味を本書ではかなり説明しているので、注目してください（第2章、第3章）。最後に5か年の中期計画の立て方（第6章）を説明します。

企業の計画見直しには、必須の考え方です。

　なお、本書の中で、どの部署の人に特にどんなことを学んでほしいかを下の図にまとめましたので参照してください。
　この本で、管理会計の基本をシッカリ勉強して、現実に起こっていることを冷静に判断できる計数感覚と、企業発展のための業績管理に役立つ**計数感覚**（計数活用法）を、自分で発見し、実感できるセンスを磨いてください。

　2011年6月　事務所にて

千賀秀信

経営活動に関連して、重点的に読んでほしい章

管理会計の基本　経営活動	第1章 管理会計とは	第2章 損益分岐点分析	第3章 変動損益計算書	第4章 原価管理	第5章 短期的意思決定	第6章 戦略的意思決定
戦略・投資	○	▲	▲	▲	◎	◎
マーケティング・営業	○	◎	◎	◎	◎	○
開発・製造	○	◎	◎	◎	◎	○
人事・組織	○	◎	◎	▲	◎	○

◎：重点的に読んでほしい　　○：読んでほしい　　▲：常識として知っておいてほしい

まえがき ……………………………………………………………………… 1
「見える化」目次 …………………………………………………………… 10

第1章 管理会計で数字を見ると、経営の本質が浮かび上がる

1-1 経営者、管理者に必要な会計 ………………………………… 12
　　➡財務会計と管理会計の違いを知ろう

1-2 財務会計は過去会計、管理会計は未来会計 ……………… 14
　　➡財務会計と管理会計が扱う内容

1-3 ホテルで飲むコーヒーの原価率は？ ……………………… 16
　　➡計数感覚で経営を考える方法を学ぼう

1-4 コストダウンで利益は増えるのか？ ……………………… 23
　　➡間違ったコストダウンとかけるべきコスト

1-5 利益が出ていれば、それでいいのか？ …………………… 25
　　➡利益志向の落とし穴

1-6 管理会計の3つのテーマ ……………………………………… 31
　　➡この本で取り上げる管理会計の内容

実践コラム
　塵も積もれば固定費となる …………………………………………… 34

第2章 損益分岐点分析で管理会計入門

2-1 コーヒー店の損益分岐点分析 ……………………………… 36
➡損益分岐点を事例で理解しよう

2-2 経営安全率と損益分岐点比率 ……………………………… 39
➡利益を生みだす売上高とは何か？

2-3 損益分岐点を図でイメージできるようになろう …… 42
➡図表を描きながら、シッカリ理解しよう

2-4 短期利益計画に応用する …………………………………… 46
➡費用、売上高、利益の関係をシミュレーションしよう

2-5 変動費と固定費の見分け方、考え方 ……………………… 56
➡変動費、固定費の本質を理解しよう

2-6 固定費と変動費がハッキリしないときの考え方 …… 64
➡準変動費と準固定費に惑わされないように

2-7 勘定科目別データがないときの
損益分岐点の求め方 …………………………………………… 67
➡高低2点法と最小2乗法

実践コラム
営業現場に役立つ損益分岐点分析の活用法 ……………………… 71

第3章 変動損益計算書の活用法

3-1 変動損益計算書を作ってみよう ……………………… 74
➡コーヒー専門店（カフェクローバー）のケース

3-2 変動損益計算書は、付加価値計算書だ ……………… 83
➡付加価値のとらえ方を理解しよう

3-3 変動損益計算書で見えてくる経営の姿 ……………… 91
➡付加価値分析を理解しよう

3-4 業種別の付加価値（限界利益）の違いを
理解しよう …………………………………………………… 98
➡製造業、流通業（小売、卸）の特徴は？

3-5 営業所管理で活用できる変動損益計算書 …………… 103
➡固定費、変動費の分類を工夫して業績管理に活用する

第4章 原価管理のポイントを理解しよう

4-1 原価計算と原価の関係を理解しよう ………………… 114
➡製品原価の集計だけではない原価計算の広さを知ろう

4-2 経営の流れと原価計算の位置付け …………………… 122
➡製造業の原価計算を概観しよう

4-3 原価計算の分類 …………………………………………… 124
➡原価計算の対象は何か

| 4-4 | 原価計算を実際に行なってみよう……………………129
➡総合原価計算と個別原価計算の違いを理解しよう

| 4-5 | 直接原価計算の考え方……………………………………136
➡変動損益計算書の原点は、直接原価計算

| 4-6 | 活動基準原価計算（ABC）の考え方…………………142
➡間接費（共通費）の配賦をいかに行なうか

実践コラム

価格設定の手法あれこれ……………………………………156

第5章 短期的意思決定に役立つ考え方

| 5-1 | 機械式洗車は600円、手洗い洗車は1,600円。
この差は何か？……………………………………………158
➡原価とは何かを改めて考えてみよう

| 5-2 | 原価割れでも注文を受けるべきか？……………………162
➡決め手は原価の見方と限界利益

| 5-3 | 時給はどうやって決めるのか？…………………………165
➡人時生産性と労働分配率がポイント

| 5-4 | 増員したい！
そのとき営業所長はどう提案すべきか？………………168
➡増員で増えるコストを回収できる売上予算を計画しよう

| 5-5 | 次期の利益計画（予算）はどんな手順で
作るのか？…………………………………………………172
➡必要売上高を求める公式で考えよう

実践コラム
　業績管理の5つのステップ …………………………………………… 178

第6章 戦略的意思決定に役立つ考え方

6-1 キャッシュフロー重視時代の「利益の役割」
　　　とは何か …………………………………………………………… 182
　　➡利益とキャッシュフローの役割の違いを理解しよう

6-2 営業キャッシュフローのとらえ方を理解しよう … 186
　　➡間接法のとらえ方をマスターしよう

6-3 営業キャッシュフローを予想する ………………………… 196
　　➡間接法の項目を予想する

6-4 現在価値という考え方を理解しよう ……………………… 199
　　➡現在の100万円と2年後の110万円のどちらを選ぶ？

6-5 資本コストとは何か …………………………………………… 202
　　➡収益性の目標は、資本コストを参考にする

6-6 投資の採算を判断する方法
　　　（時間価値を考慮しない方法）………………………………… 209
　　➡事例で見る投資の収益性と安全性

6-7 投資の採算を判断する方法
　　　（時間価値を考慮する方法）…………………………………… 211
　　➡正味現在価値（NPV）と内部利益率（IRR）を理解しよう

6-8 キャッシュフローの予測と採算判断
　　　（事例で総まとめ）………………………………………………… 217
　　➡5年間限定のプロジェクトを採用するかどうかの判断をする

6-9 予想貸借対照表をイメージで理解しよう ……… 223
➡図で見る5年間の財務三表の変化

6-10 企業価値が向上するという意味 …………… 229
➡将来のフリーキャッシュフローを増大させること

実践コラム
企業価値を高めることの問題点～企業を計る新たな視点の提案～ …… 233

INDEX ……………………………………………………… 235

本文デザイン・DTP　マッドハウス

※本書に掲載した図表の一部（カラー版）や関連情報、
　INDEXにある用語の解説を下記サイトに公開しています
- ●マネジメント能力開発研究所のホームページ
　http://keisumaneji.la.coocan.jp/
- ・INDEXの用語解説
　http://keisumaneji.la.coocan.jp/v1-kanrikaikei-info.html

本書の構成を「見える化」しました！

　本書は、第1章から第6章まであります。管理会計の3つのテーマを6章に分けて解説しています。2章以降は、3つのテーマの詳細説明で、以下のような構成になっています。

➡3つのテーマと各章の関係

　第1章は、管理会計全般にわたるテーマを解説しています。
① 損益分析と業績管理（損益分岐点分析と変動損益計算書の活用）
　・・・第2章、第3章
② 原価管理（原価計算の基本）
　・・・第4章
③ 意思決定（短期利益計画と中長期の経営計画への活用）
　・・・第5章、第6章

■「見える化」目次

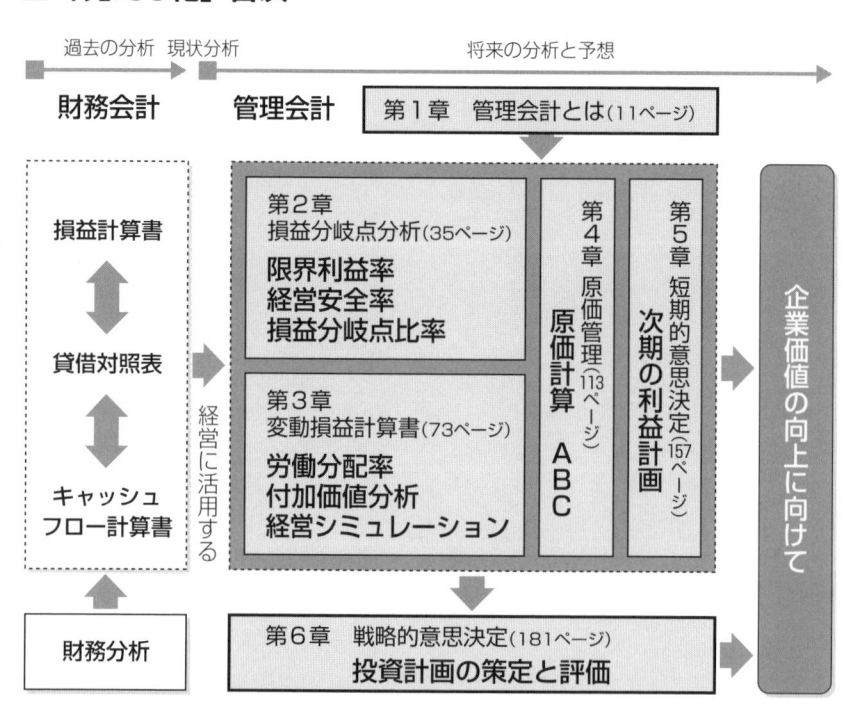

過去の分析　現状分析　　　　　　将来の分析と予想

財務会計　｜　管理会計

第1章　管理会計とは（11ページ）

損益計算書 ⇅ 貸借対照表 ⇅ キャッシュフロー計算書

財務分析

経営に活用する

第2章　損益分岐点分析（35ページ）
- 限界利益率
- 経営安全率
- 損益分岐点比率

第3章　変動損益計算書（73ページ）
- 労働分配率
- 付加価値分析
- 経営シミュレーション

第4章　原価管理（113ページ）
原価計算　ABC

第5章　短期的意思決定（157ページ）
次期の利益計画

第6章　戦略的意思決定（181ページ）
投資計画の策定と評価

企業価値の向上に向けて

第 **1** 章

管理会計で数字を見ると、経営の本質が浮かび上がる

管理会計の視点で、会社数字を見ると、経営の本質が浮かび上がります。第1章では、身近なケースから管理会計の使いやすさや面白さを体験していただきます。きっと、もっと管理会計を勉強したくなるはずです。

1-1 経営者、管理者に必要な会計
➡財務会計と管理会計の違いを知ろう

POINT 財務会計は、外部に公表・提出する決算書の作成基準や考え方。
管理会計は、意思決定や業績管理を行なうための数字の見方

■財務会計は「経理」、管理会計は「経営」のための活用法

　会計（Accounting）は、財務会計と管理会計の2つに分類できます。
「財務会計」は、大手企業なら株主や銀行などの利害関係者に公表する決算書を作るための作成基準や考え方を示すものです。中小企業なら、税務署に提出する決算書を作成する基準や考え方を示します。財務会計は経理が主に使う会計で、営業や開発に所属する社員などにはなじみの薄いものです。

　これに対して、「管理会計」は、意思決定や業績管理を行なうために使われる管理方法であり、会社の数字を活用していかに事業を行なっていくかを判断することが目的です。

　名前に「会計」と付くので、拒否反応を示す人も多いのではないかと思いますが、管理会計は、経営者やマネジャーが活用すべき経営のノウハウなのです。

　財務会計と管理会計の違いを理解していただくために、簡単な例を紹介しましょう。

■売上予算は達成したのに、売上高が伸びない理由

　あなたがコンピュータメーカーの営業部員だとしたら、売上予算を持っているでしょう。期末まで1か月に迫った最終月。あなたは、売上予算の達成に向けて、得意先回りを強化しているはずです。そして期末ギリギリで、何とか受注して、目標の予算を達成したとします。

　しかし、経理部門から、売上予算は達成したけど、会社が公表する売上高（上場企業などが決算短信で記者発表する売上高や、中小企業なら税務署に申告する売上高のこと）は、それほど伸びていないという報告

が入りました。全営業所で、売上予算は達成しているにもかかわらず、です。一体どういうことでしょうか。

■営業には管理会計が使いやすい

カラクリは次の通りです。一般的に、会社内部で使う売上高は、受注ベースで考えているのに対して、外部に公表する売上高は、相手方の検収ベース（相手がコンピュータシステムの稼動を確認した段階など）で考えるためです。このような違いはよくあるのです。

もう少し具体的に言うと、こういうことです。営業部門では、期末の売上予算達成に向けたギリギリの活動をしています。このような場合、成果をすぐに実感しやすい受注ベースの売上高を使うことで、営業マネジャーは売上予算の達成状況を把握しやすくなります。**つまり、受注ベースで売上高をつかむことは、営業担当者ごとの売上達成状況を把握し、激励し、すばやい行動を促す営業マネジャーに適した売上の認識基準**です。まさにこれが管理会計の考え方です。そのため、先の例のような期末ギリギリの受注売上は、翌期の売上高になることがあるのです。

一方、経理部門では、売上高が確定して、代金の回収を確実にできる状態を重視します。つまり返品やクレームの可能性がある受注基準ではなく、検収が終わって、顧客が確実に売上代金を支払う状況になったときに売上高と認識すべきと考えるのです。これは財務会計の考え方です。

財務会計の考え方は、**IFRS（International Financial Reporting Standards：国際財務報告基準）**に代表される会計基準によって制約を受けます。

しかし、企業内部で利用する管理会計では業績管理を重視するため、経営者や管理者が理解しやすいルールを独自に設定してもいいのです。

管理会計は、経営プロセスにおいて、どのように付加価値を生み、利益につなげるかを示し、業績管理を行なうためのノウハウとして役立ちます。たとえば、どの商品をどれだけ売れば利益が増加して、さらに利益を増加させるためにはどのような付加価値を付けたらよいかという指針を提供します。したがって、営業部門、製造部門、開発部門などのラインで活用するのが管理会計です。

1-2 財務会計は過去会計、管理会計は未来会計
➡ 財務会計と管理会計が扱う内容

POINT 管理会計は財務会計の基礎知識を使う

■管理会計は、未来を見ている

　図1-1に、財務会計と管理会計で扱うテーマを分類しました。

　財務会計の役割は、決算書を会計基準に沿って作成することです。

　財務会計によって作成された決算書は、企業の株主や金融機関、税務署などの外部の利害関係者（ステークホルダー：Stakeholder）に公開され、業績を評価したり競合企業と比較をするために活用されます。財務分析は、業績評価するための経営分析手法として使われています。

　したがって、**財務会計は、過去の業績を示す決算書をいかに正しく作成するか**に重点があるのです。正しいかどうかの判断基準が、先述のIFRSを中心にした会計基準です。

　一方、**管理会計は、経営情報を集め、経営者や管理者が活用できるように加工して、提供する役割**を持っています。

　たとえば、価格をいくらにすべきか、何人採用すべきか、業績賞与は出すことができるのかなど、当面必要な短期的な意思決定のための情報を提供します。さらに、今後の損益を予測して、設備投資を行なうべきか、企業の買収価格はいくらにすべきかなどの戦略的意思決定（中長期の意思決定）に役立つ情報も提供します。

　財務会計は、過去の業績を集計することが使命なのに対して、管理会計は、未来を見ながら経営に役立つ情報を提供することが使命です。

■なぜ、会計の勉強はしんどいのか？

　IT（情報技術）、英語とともに、会計がビジネスパーソンの3種の神器だと言われてきました。

　会計の勉強をしようという場合、財務会計から取り組む方がほとんど

です。そこで学ぶのが、まず簿記です。簿記は、決算書の作り方の技術です。ここから勉強に入ると、なかなか経営に役立つ実感を持てないまま勉強が進んでいきます。そして勉強が進むと、決算書を作るための基礎理論としての会計学が出てきます。会計学では、発生主義、実現主義、進行基準、時価会計、減損会計、退職給付会計など、決算書に表示する勘定科目の数値を決定するための基礎理論を学びます。

経理や財務の専門家になるなら、これらをシッカリと勉強していく必要があります。しかし、営業や開発分野の人にとっては、財務会計を勉強していくうちに、自分の仕事とあまりにもかけ離れた内容に嫌気がさして、勉強をあきらめてしまう人も珍しくありません。

しかし、会計が楽しくなるのは、簿記や会計学をある程度理解してからです。そして、管理会計の領域に踏み入れるとその面白さが、少しずつ見えてきます。

本書では、会計入門者のために財務会計の基本についても随時解説しながら、管理会計の面白さを感じていただけるように、事例を使って書いています。さあ、勉強をはじめましょう！

1-1 財務会計と管理会計が扱うテーマ

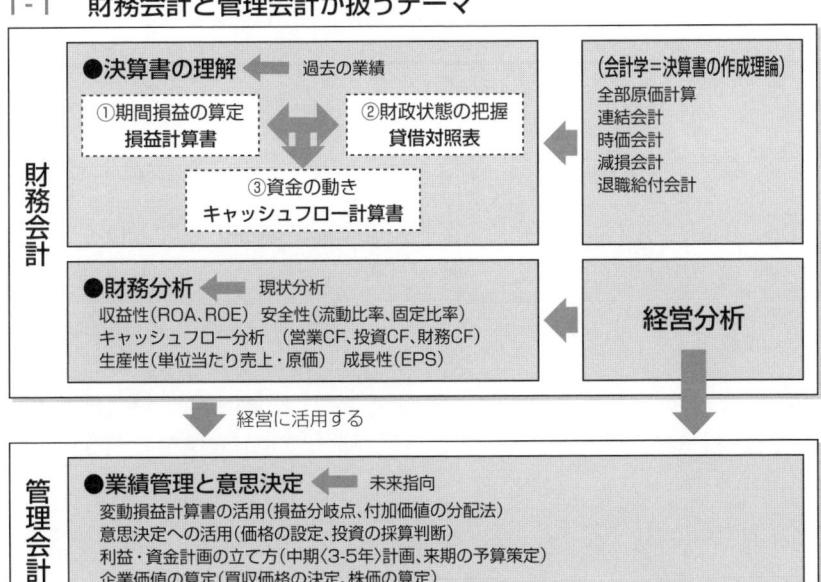

財務会計

●決算書の理解 ← 過去の業績
- ①期間損益の算定　損益計算書
- ②財政状態の把握　貸借対照表
- ③資金の動き　キャッシュフロー計算書

（会計学＝決算書の作成理論）
- 全部原価計算
- 連結会計
- 時価会計
- 減損会計
- 退職給付会計

●財務分析 ← 現状分析
- 収益性(ROA、ROE)　安全性(流動比率、固定比率)
- キャッシュフロー分析　(営業CF、投資CF、財務CF)
- 生産性(単位当たり売上・原価)　成長性(EPS)

→ 経営分析

↓ 経営に活用する

管理会計

●業績管理と意思決定 ← 未来指向
- 変動損益計算書の活用(損益分岐点、付加価値の分配法)
- 意思決定への活用(価格の設定、投資の採算判断)
- 利益・資金計画の立て方(中期〈3-5年〉計画、来期の予算策定)
- 企業価値の算定(買収価格の決定、株価の算定)

1-3 ホテルで飲むコーヒーの原価率は？
➡ 計数感覚[*1]で経営を考える方法を学ぼう

POINT 顧客が考える原価は小さく、会計が考える原価は大きい

■管理会計の3つのテーマ

管理会計を理解するために必要なテーマは3つあります。
1. 損益分析と業績管理（損益分岐点分析と変動損益計算書の活用）
2. 原価管理（原価計算の基本）
3. 意思決定（短期利益計画と中期経営計画への活用）

詳細は、第2章以降でお話しします。ここでは、それぞれのテーマの入り口として事例を見ながら、管理会計の面白さを知ってください。

■ホテルのコーヒーは、なぜ1,000円なのか

高級ホテルのラウンジで飲むコーヒーは、1杯1,000円程度です。「高いな！」と感じながらも、打合せなどの理由で使うこともあるでしょう。では、「1杯1,000円のコーヒーの原価はいくらでしょう？」と質問したら、あなたはどう答えますか。大体、50〜200円くらいの範囲で答えるのではないでしょうか。私がビジネススクールで、受講生のみなさんに聞いたときも、この範囲が圧倒的に多かったです。

次に「原価の内容をどう考えましたか？」と質問すると、ほとんどの人がコーヒー豆と水のコストと答えます。いわゆる材料費を原価と想定しているのです。

TKC経営指標[*2]で見ると、喫茶店の**売上総利益率**（売上総利益÷売上高）は70％程度なので、売上原価率（売上原価÷売上高。原価率と省略して呼ぶこともある）は30％です。原価の大部分は材料費なので、

（*1）**計数感覚**とは、経営のことと会社数字のことを関連させて考えることができる能力。営業でも、開発・製造でも、経理でも必要
（*2）TKC経営指標は、㈱TKCの会員である税理士・公認会計士が精密監査を実施した22万社を超える中小企業の財務データから作成された分析統計

喫茶店の客単価（客1人当たりのレジでの支払額）を500円とすれば、その30%である150円が材料費です。

売上総利益率は財務会計上の代表的な粗利益率ですが、一般の人の粗利益の解釈はあいまいです。このことが、商品やサービスの粗利益率の解釈に影響します。この点に注目して以下を読んでください。

ホテルのラウンジで飲むコーヒーは、よい材料を使っていて、材料費も1割程度高いと考えれば150円の1.1倍の165円、2割アップなら180円です。しかし、TKC経営指標による喫茶店の利益率のデータには、軽食なども含まれています。コーヒーだけでなく、いろいろなメニューの材料費の平均値が30%ということですから、コーヒーの材料費と考えれば100円にも満たないでしょう。もし材料費が100円ならホテルで飲む1,000円のコーヒーの原価率は10%で、粗利益率は90%となります。

少なくとも顧客は、潜在意識では、儲けすぎと考えて1,000円のコーヒーを飲んでいますが、なぜ1,000円でも売れるのでしょうか？

この理由と根拠を考えることが管理会計の役割です。**管理会計はマーケティングを考える上で有用な情報を提供します。**

■**財務会計が教える原価の考え方**

財務会計で原価と言えば、メーカーにおける製造原価を意味しています。製造原価は、**材料費、労務費、経費**の3つに分類されます。これを

1-2　原価の3要素と付加価値

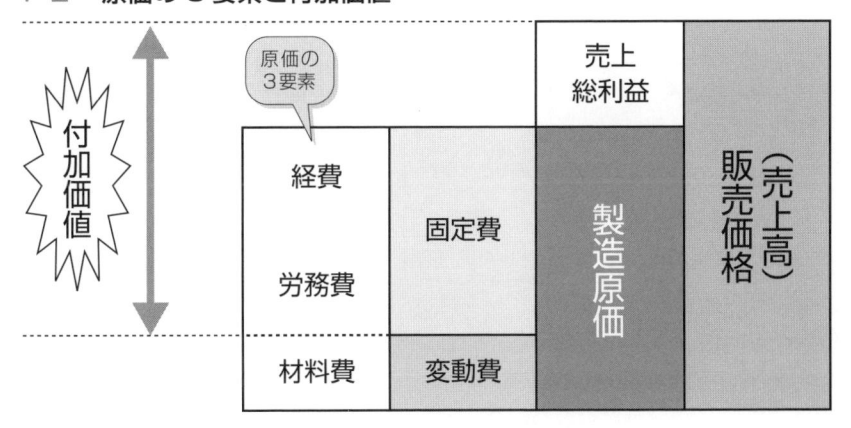

原価の3要素と呼びます（17ページ図1-2）。

　メーカーが作る缶コーヒーの製造原価を考えてみましょう。缶の素材とコーヒーなどの材料費、工場で製造にかかわる労働者の人件費（労務費と言う）、製造に使われる機械装置の減価償却費、水道光熱費、デザイン料などの経費が考えられます。大手食品メーカーの売上原価率を調べてみると約75％なので、売上総利益率*は約25％です。

　注意すべきは、**メーカーの売上総利益率25％は、製造業が卸に販売するときの粗利益率である**ということです。メーカーの販売価格に卸の粗利益と小売の粗利益を乗せて、小売価格になるわけです。

　ここでは、卸で10％、小売で20％の粗利益率を上乗せするとして、小売価格を算定してみましょう。缶コーヒー／缶の製造原価を65円とすれば、メーカーの卸への販売価格は約87円（65円÷0.75）です。卸の小売への販売価格は約96円（87円÷0.9）、よって小売価格は約120円（96円÷0.8）になります（図1-3）。

　つまり、小売価格には、メーカーが缶コーヒーを作ったときの材料費だけでなく、メーカーの**人件費（労務費）**や**水道光熱費（経費）**、卸やスーパーの粗利益まで加算されている構造を見てください。

1-3　缶コーヒーの価格の内訳

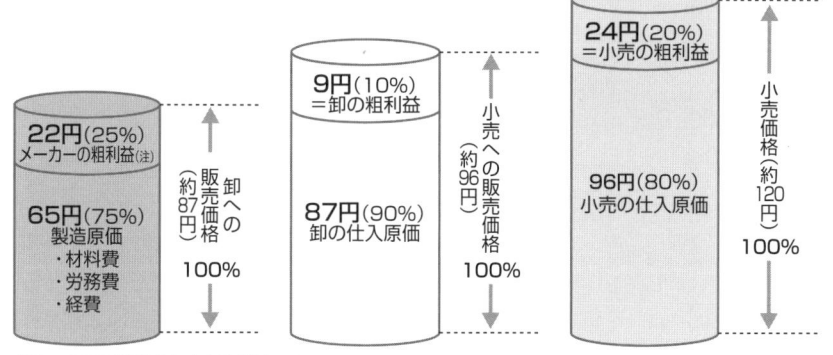

製造原価	卸の仕入原価	小売の仕入原価
22円(25%) メーカーの粗利益(注)	9円(10%) ＝卸の粗利益	24円(20%) ＝小売の粗利益
65円(75%) 製造原価 ・材料費 ・労務費 ・経費	87円(90%) 卸の仕入原価	96円(80%) 小売の仕入原価
卸への販売価格(約87円) 100%	小売への販売価格(約96円) 100%	小売価格(約120円) 100%

（注）この図の粗利益は、売上総利益です
（注）原価の計算は、端数において計算誤差があります

（＊）売上高－売上原価＝売上総利益。なお、売上原価は、製造原価のうち販売されたものの原価。残りは在庫の原価となる

■顧客が考える原価と、財務会計が教える原価のギャップ

もし財務会計の原価の考え方を知らなかったとして、「120円の缶コーヒーの原価は、どのくらいでしょうか？」と質問したら、あなたはどう答えるでしょうか。

おそらく原価として水とコーヒーのほか、缶素材の材料費を加味して答えるでしょう。材料費の割合を小売価格の20％とみれば24円、25％と想定するなら30円程度と答えるでしょうか。

ホテルのラウンジで飲むコーヒー1,000円の材料は、少量仕入でかつ高級品を使っていると考え、缶コーヒーの材料費30円の3.3倍の100円程度と見積もると、「50〜200円」と答えた人の勘は、そんなにずれていないことがわかります。

しかし、缶コーヒーにせよ、ホテルのコーヒーにせよ、こうして計算した材料費を基準に販売価格を考えると、とても高いものを飲んでいるという意識が、消費者には生まれるはずです。

顧客視点で見れば、ホテルのコーヒーの粗利益率は約90％、量産品の缶コーヒーの粗利益率も約75％〔（120円－30円）÷120円〕と、いずれも高い粗利益率です。

しかし、財務会計では、材料費だけが原価になるわけではありませんでしたね。缶コーヒーの例を見ても、顧客から見た「原価」と財務会計での原価は、大きく異なっています（図1-4）。

この高い粗利益率は顧客の感覚です。でも、**財務会計の理屈で納得し**

1-4　顧客の見方と財務会計の考え方のギャップ

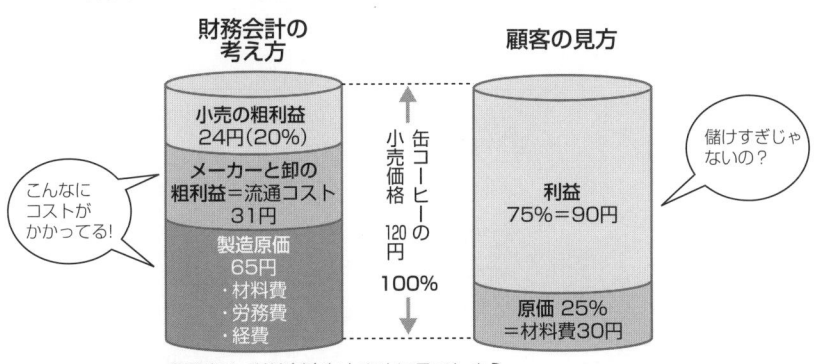

財務会計の考え方
- 小売の粗利益 24円（20％）
- メーカーと卸の粗利益＝流通コスト 31円
- 製造原価 65円
  ・材料費
  ・労務費
  ・経費

缶コーヒーの小売価格 120円 100％

こんなにコストがかかってる！

顧客の見方
- 利益 75％＝90円
- 原価 25％＝材料費30円

儲けすぎじゃないの？

●顧客は、利益（率）を大きめに見てしまう。
　それを納得させるだけの企業努力（サービスなど）が必要！

てもらうわけにはいきません。そこで、こうした感覚を持つ顧客を納得させるだけの経営努力が必要になります。

経営努力、すなわち経営戦略やマーケティング戦略は、ホテルで飲むコーヒーと缶コーヒーとでは、当然異なります。

ホテルであれば、ゆっくりコーヒーを楽しんでもらうための雰囲気作りに必要な場所やサービスの料金を納得してもらう仕掛けが必要です。

缶コーヒーなら、いつでも、どこでも手軽に美味しいコーヒーを飲んでもらうための大量生産、効率的な流通体制が必要です。このようにホテルのサービス重視の経営や、メーカーのどこでも買える缶コーヒーといった戦略を踏まえて、経営を考えることが必要です。これを考えるためのノウハウが管理会計です。

つまり、管理会計は、**価格設定と売り方（どんな価格にして、どんな売り方をすれば利益が出るのか）** を考えるためのデータを提供する役割を持っているのです。

■顧客視点で付加価値をとらえる管理会計

メーカーや顧客など立場によって、いろいろな数字の判断や見方（これを**計数感覚**と呼ぶ）があることを紹介しましたが、どれが正しいと言えるでしょうか。実は、視点が違うだけで、どれも正しいのです。

原価の3要素で製造原価を計算するのは、財務会計の考え方で、メーカーから見た視点です。

缶コーヒーメーカーの人はこう言うでしょう。「25％の売上総利益は、開発費の回収と品質管理のために必要です」と。卸の人は「10％の売上総利益は、物流や商品の仕分けのために必要です」と言い、小売の人は「20％の売上総利益は、商品を品揃えし、販売するための必要経費をカバーするのに必要です」と言うでしょう。共通するのは企業からの視点ということです。顧客の視点が欠けています。

製造原価65円と、メーカーと卸の売上総利益31円（流通コスト）と小売の売上総利益24円の合計55円を積み上げて、販売価格120円を決める財務会計の考え方を、顧客である消費者は、受け入れません。1990年以降の価格破壊は、このようなコスト積み上げの価格設定法にメスを入れ、顧客指向で価格を考えた戦略家たちの挑戦で生まれました。

一方、**管理会計では、顧客の視点で原価をとらえ、経営判断に活用できる情報を提供する**ことができます。

すなわち、管理会計では、小売価格120円の缶コーヒーの材料費は30円で、粗利益率75％（90円）という情報が重要です。そして75％という粗利益率を納得させる仕掛け（投資）が必要なのです。その仕掛けは、味、デザイン、ブランドなどの強化です。そのためのコストが、研究開発費、減価償却費などの設備費、人件費などの固定費への投資です。その作戦が成功したときに、顧客は、小売価格の75％の粗利益すなわち**付加価値**を認めてファンになり、製品は長く支持されるのではないでしょうか。ちなみにドラッカーは「経営の目的は、顧客の創造である」と述べています。

■変動損益計算書で、付加価値がわかる

ホテルのラウンジのコーヒーは粗利益率が大きいのを、顧客は承知しています。その背景に、ホテル側の付加価値を生み出す戦略があることを感じるからです。その戦略とは、ホテル従業員のサービスであり、ホテルの豪華な施設であり、ブランド価値です。粗利益率90％という高い値は、人件費、減価償却費、教育訓練費などの固定費をかける企業努力が付加価値を生み出しているという考え方（計数感覚）が重要です。

管理会計は、付加価値をとらえる方法、付加価値を生み出す源泉を発見、提供します。たとえば、管理会計の代表的なツールである、変動損益計算書があります。はじめて聞く人も多いかもしれませんが、付加価値を生み出す経営には必要なツールです。

変動損益計算書（次ページ図1-5）は、**費用（売上原価、材料費、販売費・一般管理費）を変動費、固定費に分類し、利益を計算していく損益計算書**です。

材料費は、典型的な変動費です。

人件費や減価償却費、研究開発費は固定費です。缶コーヒーの例では、90円（120円－材料費30円〈材料費の割合を25％とした場合〉）を限界利益と言います。この部分がコーヒーの付加価値そのもので、一般

の人が直感する粗利益の正体です。

限界利益＝付加価値ということを少し説明しましょう。

顧客から受け取った120円（売上高）のうち、材料費30円（変動費）は、コーヒー豆の生産者（メーカー）が作り出した価値で、小売業者が生み出した価値ではありません。小売業者が自助努力で生み出した価値は90円です。この90円を限界利益と呼びますが、その性格は付加価値そのものです。

価格における材料費（変動費）以外の割合（90円÷120円＝75％）は**限界利益率であり付加価値率**です。

ホテルのコーヒーの例では、先述のように材料費を100円とすると、900円（1,000円－材料費100円）が限界利益です。限界利益率は90％（900円÷1,000円）となります。

一般的に、限界利益率が大きいというのは、付加価値率が大きいことなのでよいことです。重要なのは、限界利益率が大きい理由を説明できなければ、経営として問題があるということです。これを説明するための分析ツールが変動損益計算書です。

また、利益がゼロになる売上高である**損益分岐点**も、変動費、固定費、限界利益率の情報を使って計算可能です。損益分岐点は、価格設定などの意思決定の際にも必要な情報を提供します。

管理会計に必要な損益分岐点分析と変動損益計算書については、第2章と第3章で詳しく説明します。第2章、第3章を読んで、限界利益すなわち付加価値の意味や見方をより深く理解してください。

1-5　財務会計の損益計算書と変動損益計算書

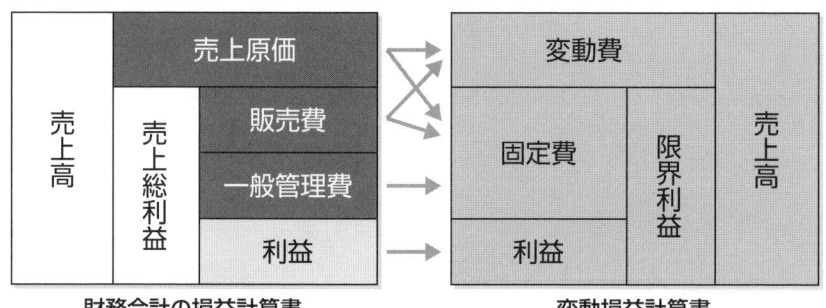

財務会計の損益計算書
- 売上高
- 売上総利益
- 売上原価
- 販売費
- 一般管理費
- 利益

変動損益計算書
- 変動費
- 固定費
- 限界利益
- 利益
- 売上高

1-4 コストダウンで利益は増えるのか？
➡ 間違ったコストダウンとかけるべきコスト

POINT コストをかけないと利益は出ない

■機械は壊れる、人は間違える

①「利益、売上高、費用」を、企業経営を意識して、並べ替えなさい
（30秒、考えてください）

　あなたはどのように並べ替えましたか。「売上、費用、利益」と並べた方はいませんか。反射的にそう考えても不思議ではありません。事実、ビジネススクールで同じような質問をしても、そのように考える人はかなり多いのです。「売上、費用、利益」と並べるのは、損益計算書を意識して、「売上－費用＝利益」という計算過程を意識の中で持っているからです。

　この並べ方は、財務会計では正解ですが、管理会計では問題があります。次を読めば、どのように並べ替えればよいかがわかるはずです。

②機械は壊れる、人は間違える

　シュレッダーに子供の手が巻き込まれて、指を切断した事故がありました。子供が手を入れるということは、設計段階で想定していませんでした。設計の見直しが必要ですが、コストアップは避けられません。

　もう1つ、ある工場の話です。ドアが開いたのにエレベーターが来ていなくて、人が転落する事故がありました。機械の何らかの故障ですが、人はドアが開けば無意識に乗ってしまいます。保守点検が非常に重要ですが、この工場では、保守点検を怠っていたのです。エレベーターメーカーにも、何らかの対応を迫られるかもしれません。

　製品改善や保守点検など、安全のためのコストをかける必要はわかっていても、利益を圧迫するので及び腰になることはよくある話です。

しかし、安全に対するコスト意識が高まる中、「機械は壊れる、人は間違える」という考え方が、メーカーを中心に広まっています。

一度事故が起これば、賠償などのコストもかかるでしょう。この問題では、事故が起きないように、安全のためのコストをかける必要性を提起しています。つまり、**短期的な利益よりも、事故が起きて発生する損失や失う利益**（これを**機会損失**と言う）**のほうが大きいことを認識する必要がある**のです。

計数感覚、すなわち経営を意識して管理会計的に考えれば、「**費用、売上高、利益**」という流れが浮かぶはずです。あなたは、大丈夫ですか。

■良いコストダウン、悪いコストダウン

急激な売上ダウンに対応するために人員カットを進めると、パート、アルバイト、派遣社員、期間従業員などの非正社員のリストラがはじまります。自社工場での生産を断念して外部委託を進め、固定費の削減を中心にコストダウンは行なわれます。その結果、顧客サービスの低下を生み、製品そのものの品質が悪化するケースも見られます。

製品のリコール多発、粗悪品を優良品として販売した航空部品メーカー、コストダウンのため保守管理を外部委託して、暖房器具やエレベーターの保守がおろそかになり、死亡事故が発生した事例などは、悪いコストダウンの例です。

短期的な利益のためにコストダウンを優先する姿勢は、企業の信用やブランドに傷が付きます。長期的な視点が必要な人材育成に投資せず、教育訓練費を削減することによって、技術やノウハウの伝承ができないという問題も起きています。

コストをテーマにした管理会計の内容は、第2章、第3章、第4章で取り上げます。第2章では、コストを固定費、変動費に分け、損益分析を行なう**損益分岐点分析の活用法**を取り上げます。**機会損失**については、第5章で説明します。

1-5 利益が出ていれば、それでいいのか？
➡ 利益志向の落とし穴

POINT フリーキャッシュフローで投資の採算を判断する

■利益とは何か

まずは、問題を解きながら考えてみてください。わからない方は飛ばしてしまっても構いません。

下の図は、ある会社の設備投資に伴う3年間の業績の推移です。この事業は3年間で採算がとれていますか？

1-6 ある会社での3年間の業績推移

	スタート	1年度	2年度	3年度	3年合計
売上高		200	300	400	900
費　用		110	200	300	610
減価償却費		60	60	60	180
営業利益		30	40	40	110
設備投資（5年で償却）		▲300			
在庫	0	0	0	40	
売掛金	0	0	0	10	

a．設備投資300を1年度のはじめに行ない、1年度末から耐用年数5年間で、定額法で償却する。毎年の減価償却費は60（＝300÷5年）
b．5年後の残存価額（耐用年数が来たときの処分見込額）はゼロ
c．掛売上は毎年発生しているが、その年ですべて回収している
　　ただし、3年度だけは、売掛金が10だけ残っている
d．支払は、すべて現金
e．在庫は3年度だけ発生。3年度の仕入額は150

3年間の合計で、利益110が出ています。110が3年間の成果であることは、損益計算が間違っていない限り明確です。利益を採算の指標にするならば3年間で採算がとれています。
　しかし、よく考えてみましょう。何か問題はないでしょうか。

①減価償却と耐用年数の影響
　問題は、減価償却費です。利益は、減価償却費を控除して計算しますが、そもそも毎年の減価償却費は、どうして毎年60なのでしょうか？
　「それは、5年間の定額法で計算するから毎年60（設備投資300÷5年）が減価償却費として費用になる」と答える人が多いでしょう。
　耐用年数6年の定額法ならどうでしょう。毎年の減価償却費は、50（300÷6年）です。3年合計で30だけ減価償却費が少なくなり、3年間の利益110は、30アップして140に増加します。
　この例で、利益とは一体何だろうという疑問が湧いてきませんか。ポイントは、耐用年数です。そもそも耐用年数は誰が決めるのでしょう。ここで、財務会計と管理会計の違いが出てきます。

　財務会計では、一般的に財務省が定めた法定耐用年数を使います。税法の課税所得を決める場合には、これに従う必要があるため、経理主導の財務会計では、法定耐用年数が使用されます。
　管理会計では、工場や機械などの固定資産を何年使うかについて、**経営者がどう判断するかで耐用年数は異なってきます**。すなわち5年なのか、6年なのかは、経営者の意思によって決めていいのです。

②利益は会社としての見解だ
　建物や機械装置などの固定資産は、使用することで製品を作り出し、利益を創出することに貢献します。**減価償却**は、固定資産を使用することによって物理的価値が減少した分を見積り計算し、その金額を減価償却費として損益計算に計上する処理のことです。減価償却費相当分だけ、貸借対照表の固定資産は減額します。
　毎年の減価償却費は、耐用年数によって変わり、償却方法（定率法か定額法か）によっても変わります。
　こう見ていくと、結局、利益は経理や経営者による処理方法の選択・

判断によって変わるのです。「**利益は企業の見解だ（Profit is opinion）**」と言われるのはこのためです。

そうなると、財務会計上の利益を採算の判断に使うことは、企業の見解に従うことになります。もし企業の見解が間違っていたら採算の判断も間違える可能性があります。このように解釈すると利益を採算判断に使うことには、やや問題がありそうです。

■キャッシュフローと利益の違い

キャッフローで考えてみたらどうでしょう。キャッシュフローとは、資金（現金預金）が企業に入った収入と、資金が出て行った支出の差額のことです。収入－支出＝収支（キャッシュフロー）で計算できます。

キャッシュフローは、現金預金という資金の出入りで判断するため、誰が計算しても同じ結果になります。

先ほどの事例（図1-6）で、計算してみましょう。

3年間の収入は、売上高の900ではなく890です。3年間の売上高900のうち売掛金10は収入になっていないからです。

3年間の支出はどうでしょう。費用の支出610と設備投資300のほか、在庫の40も支出しています。合計で950です。

在庫の影響はわかりにくいので図1-7で説明すると、3年度の仕入額は150でした。そのうち在庫で40残っています。つまり売上原価（売れた分の仕入額）として費用に入っているのは110（仕入150－在庫40）です。110は費用の支出610に含まれています。さらに在庫の40は、仕入れたけれど売れ残ってしまったので、単純に支出として加算して、支出総額950が求められます。

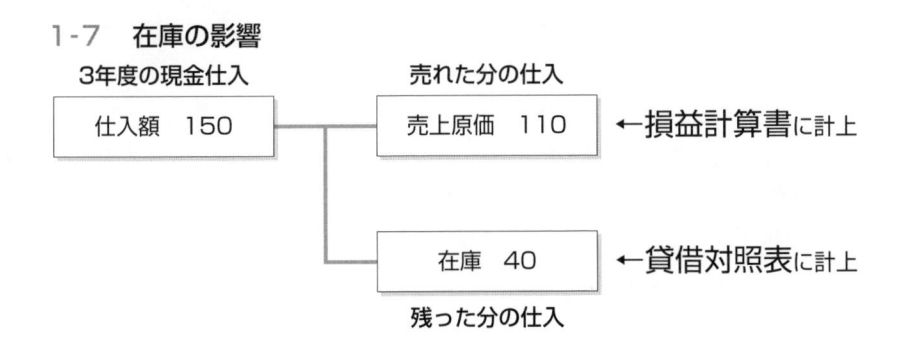

1-7　在庫の影響

3年度の現金仕入　　　　売れた分の仕入
仕入額　150　　　　売上原価　110　←損益計算書に計上

在庫　40　←貸借対照表に計上
残った分の仕入

以上から、キャッシュフロー（収支）は、収入890－支出950で△60の赤字です。
　この数字は、どのように計算しても同じで、経理や経営者の判断も関係ありません。「**利益は見解で、キャッシュフローは事実である**」と言われるゆえんです。

■キャッシュフローの種類

　キャッシュフローは、3つの種類（図1-8）があります。営業活動に関連する収支である**営業キャッシュフロー**、投資活動に関係する**投資キャッシュフロー**、財務活動に関係する**財務キャッシュフロー**です。キャッシュフロー計算書では、3つのキャッシュフローをそれぞれ表示しています。

1-8　キャッシュフローの種類と内容

```
①営業キャッシュフロー ➡ 営業活動に関係するキャッシュフロー
    収入⇒現金売上、売上債権の回収
    支出⇒仕入代金の支払、販売費・一般管理費の支払

②投資キャッシュフロー ➡ 投資活動に関係するキャッシュフロー
    収入⇒設備、土地の売却収入
    支出⇒設備投資、M＆Aの実施による支払
  （注）①営業キャッシュフロー＋②投資キャッシュフロー＝フリーキャッシュフロー

③財務キャッシュフロー ➡ 財務活動に関係するキャッシュフロー
    収入⇒借入、新株発行による資本金の受入れ（有償増資）
    支出⇒借入返済、自社株買い、配当による支出
```

　25ページ図1-6の例で、それぞれのキャッシュフローを計算してみましょう（図1-9）。
　営業キャッシュフローは240です。どう考えるかというと、営業収入は890（売上高900－売掛金10）、営業支出は650（費用610＋在庫40）で、営業キャッシュフローは240です。
　投資キャッシュフローは、設備投資のための支出が300あるだけです。この例では、財務キャッシュフローはありません。

1-9　ある会社のキャッシュフロー

	スタート	1年度	2年度	3年度	3年合計
売上高		200	300	400	900
費用		110	200	300	610
減価償却費		60	60	60	180
営業利益		30	40	40	110
在庫	0	0	0	40	
売掛金	0	0	0	10	
営業キャッシュフロー		90	100	50	240
投資キャッシュフロー	▲300	0	0		▲300
フリーキャッシュフロー	▲210	100	50		▲60

【営業キャッシュフローの計算】

1年度　売上高(収入)200－費用(支出)110＝90

2年度　売上高(収入)300－費用(支出)200＝100

3年度　売上高400－費用(支出)300－在庫支出40－売掛金10＝50

(注)売上高400＝現金売上390＋掛売上高10
　　※売上高の中には、未収入分10が含まれている
　　※掛売上高10は貸借対照表では売掛金として表示される

■この投資は、採算がとれているでしょうか？

　企業は、設備投資（投資キャッシュフロー）を行ない、その後に営業活動で資金を増やします（営業キャッシュフロー）。その結果、設備投資額を営業キャッシュフローが上回ったら、当初の設備投資は回収ができ、さらに資金が増えることを意味します。

　例では、3年間で営業キャッシュフロー240です。初期投資が300なので、その差額は▲60です。設備投資額（投資キャッシュフロー）を営業キャッシュフローは超えることができていません。すなわち**設備投資を回収できていません**。採算はまだ合っていないことになりますね。

　この▲60は、**フリーキャッシュフロー（純現金収支）**と呼ばれています。設備投資の採算を判断するには、フリーキャッシュフローが役に立ちます。この例のように利益は110なのに、フリーキャッシュフロー

は▲60の赤字ということもあるのです。

　この違いの本質を理解しないで、経営判断を行なうと大変です。利益で判断すれば採算がとれていますが、フリーキャッシュフローでは採算がとれていません。あなたはこの違いの本質を理解できますか？

■管理会計の理解を深めるならキャッシュフローを理解しよう

　企業の見解で変わる利益ではなく、誰が計算しても同じになるキャッシュフローは、経営の意思決定において活用されます。特に中期計画などでは、**投資の回収を示すフリーキャッシュフローが採算の判断で役に立ちます。**

　この続きは、第6章の戦略的意思決定（中長期の意思決定）に役立つ考え方で説明します。フリーキャッシュフローを使った投資の採算計算、企業価値の算定などについてわかりやすく説明します。なお第5章では、次期の予算策定の方法とともに、短期的意思決定（1年以内の予算策定などで行なう意思決定）で役に立つ考え方を紹介します。

1-6 管理会計の3つのテーマ
➡ この本で取り上げる管理会計の内容

POINT 管理会計の3つのテーマは、①損益分析と業績管理、②原価管理、③意思決定である

■管理会計を学ぶための3つのテーマ

　管理会計は、経営者の意思決定に役立つ情報を提供する業績管理ツールです。これまでの内容で、身近な存在に感じてもらえたでしょうか。

　この章で述べたのは、第2章以降で取り上げる内容を理解していただくための問題提起です。第2章以降の内容とつながっているので、現時点ではわかりにくくても、読み進めていただければ、つながりが自然に理解できます。あきらめないで、さらに読み進めてください。

　管理会計を理解するには、3つのテーマをシッカリ勉強する必要があります。
　3つとは、**損益分析と業績管理**（損益分岐点分析と変動損益計算書の活用）、**原価管理**（原価計算の基本）、**意思決定**（短期利益計画と中期経営計画への活用）です。

■損益分析と業績管理（損益分岐点分析と変動損益計算書の活用）

　損益分析の基本は、**損益分岐点分析**です。損益分岐点分析によって、利益を生んでいる売上高（経営安全額）や、固定費を支払うための売上高（損益分岐点の売上高）が明らかになります。さらに企業の損益体質（固定費型企業か、変動費型企業かということ）も明らかになります。

　全社または部門の業績管理を行なうために、**変動損益計算書**を作成します。変動損益計算書によって、コスト構造があきらかになり、損益分岐点分析の基礎データが入手でき、**付加価値分析**も可能になります。

実は、**付加価値がわかると、社員の人件費、業績賞与などを合理的に決定することも可能**になります。

損益分岐点分析と変動損益計算書によって、経営に役に立つ情報が手に入ります。第2章から説明に入るので、管理会計の基本として学んでください。

■原価管理（原価計算の基本）

原価管理は、固定費、変動費の管理を含みます。**固定費、変動費を見極めることで、戦略的なコストダウンも可能**になります。

原価管理の基本は、原価計算です。メーカーが作る製品の原価計算だけでなく、プロジェクト、ソフトウェアの原価計算など、範囲は非常に広くなります。

第4章では、変動損益計算書の原型である直接原価計算の紹介、間接費の配賦のための原価計算であるABC（Activity Based Costing：活動基準原価計算）の考え方などを中心に紹介します。

■意思決定（短期利益計画と中長期の経営計画への活用）

意思決定とは、経営者や管理者が、複数の案から、どの案を実施するかを選択することです。そのための手法は、管理会計の重要な分野です。

意思決定は、一般的に2つに分けて考えます。短期的意思決定と戦略的意思決定です。

短期的意思決定とは、1年以内の予算策定などで必要になる課題に対する意思決定を意味します。次期の利益計画（予算）の策定と利益計画の際に必要になる個別的な決定事項を含みます。たとえば、販売価格の決定、注文を受けるかどうかの決定、社員の給与や時給の決定などです。

戦略的意思決定とは、1年を超える期間で必要になる課題に対する意思決定を意味します。中長期の経営計画の策定とそれに関連して発生す

る問題領域を扱います。**企業価値の算定、設備投資の採算計算、DCF法**（Discounted Cash Flow）、**内部利益率**（IRR：Internal Rate of Return）、5年間の**中期経営計画**などの考え方がポイントです。キャッシュフローを使った考え方が中心になるので、そのつど、説明を加えながら、わかりやすく説明していきます。

　ここまで理解できれば、管理会計をかなり理解したことになります。

　次章から、さっそく勉強していきましょう。

実践コラム

塵も積もれば固定費となる

　かつて、会社でマネジャーだったときのことです。社員教育を行なう仕事が中心で、社員から必要な情報誌の購読申請がよくあがってきました。その中に月刊誌などの定期購読雑誌もありましたが、時間とともに購読誌が増えていきました。
　あるとき、庶務の女性から、バックナンバーの管理のために専用のラックが必要であると聞かされました。事実そうなので、書籍専用ラックを購入することを了解しました。ほとんどの雑誌は、読まれないままラックの中に収まっていきましたが、しばらくそのことに気付きませんでした。

「おかしいな」と思ったのは、経理の女性のひと言がキッカケです。
「マネジャー、印鑑ください」と定期購読誌の更新の申請書が差し出されました。よく見ると、以前のプロジェクトの調査で必要であった年間購読の雑誌の契約を、また更新すると言うのです。
「これ、誰か読んでる？」とみんなに聞いてみると、ある社員が「たぶん誰も読んでいません」と無表情な顔をして返答したのです。当たり前のような言い方に、少し驚かされたのを覚えています。読んでもいないものを更新する必要がありません。その場で更新しないことを指示しました。
　記憶をたどれば、「年間購読で申し込めば、１巻当たりの金額は安くなる」と説得され、よく考えずに購読を了解していたのです。

　こうしたことは、雑誌に限りません。庶務から懇願されたコーヒーサーバーのリース料、置き薬の補充など、意識してみると、「いつの間に買ったの？」というモノで、オフィスはあふれていました。
　１つひとつの金額は小さいのですが、積み上げれば、大きな金額になります。マネジャーである私の責任は、免れることができません。
　このときから、戒めの言葉として、「塵も積もれば、固定費になる」という言葉を使い出したのです。マネジャーはもちろん、社員１人ひとりが問題意識を持たないと、金額は大きくなるばかりです。大きな組織になればなるほど、影響は大きくなることを認識する必要があります。
　みなさんの会社やオフィスでは、このようなことはありませんか？

第2章

損益分岐点分析で管理会計入門

損益分岐点分析は、広く知られた分析手法で、管理会計において重要な分野です。損益分岐点分析を学ぶうちに、経営の本質が見えてくるはずです。

2-1 コーヒー店の損益分岐点分析
➡ 損益分岐点を事例で理解しよう

POINT 損益分岐点では、固定費=限界利益となっている

損益分岐点の出し方について、具体例をあげながら説明しましょう。

■ 1か月に何杯コーヒーを売れば、利益が出るか

あなたは、オフィス街で、コーヒー専門店「カフェクローバー」を経営しています。低価格で美味しいコーヒーを、気軽に飲んでほしいと、1年前に開いた小さな店です。アルバイトを使いながら営業を続けています。1か月間の利益計画は、次のようになっています。

- ●販売予定　　　4,000杯（販売価格300円／杯）
- ●コーヒー1杯当たりの材料費　45円／杯
  （豆、ミルク、砂糖、水、おしぼりなど消耗品を含む）
- ●店の家賃　　　30万円／月
  その他の費用　19.9万円／月
  人件費　　　　47万円／月　　　　　計　96.9万円／月

Question 利益がゼロになるときの販売数量と売上高はいくらですか。
（ただし、解答するときは、公式などを使わないこと）

これは、**損益分岐点（Break-even point）** の売上高と販売数量を求める問題です。損益分岐点は、利益がゼロになる売上高、儲けも損も出ない売上高です。あなたが店のオーナーなら、損益分岐点以上の売上を上げないと利益が出ないことになりますので、いくら売らなければいけないかを知るために必要な数字です。

カフェクローバーの例で、必要な情報を整理しながら、損益分岐点の基本を理解していきましょう。それぞれの質問についてよく考え、答え

ながら、進めてください。

① 1杯販売すると、いくら儲かるでしょうか？

まずは、コーヒーを1杯売ると、どれだけの利益があるのかを考えてみましょう。

第1章の管理会計の考え方で計算すると、販売価格から材料費を引けばよいのですから、販売価格300円 − 材料費45円 = 255円になります。

管理会計では、この255円が、「いくら売ればよいか」を考える上で重要な情報になります。この255円のことを**限界利益**と呼びます。

この例では、コーヒーを1杯販売すると255円の限界利益が生まれます。限界利益（Marginal profit）という言葉は、**1個販売すると増加する利益**という意味です。限界利益は粗利益とイコールで、財務会計で使われる売上総利益とは、内容が異なるので注意してください。

材料費45円は**変動費**（Variable cost）と呼ばれます。1杯販売するごとに必要になる費用なので変動費と呼ばれます。計算式では、販売価格 − 変動費 = 限界利益という関係にあります。

販売価格300円に対する限界利益255円の割合は85％です。この割合を**限界利益率**と呼びます。カフェクローバーでは、売上高の85％の粗利益（限界利益）が生まれる商品を販売していることを意味します。**1杯当たりの限界利益が大きいほど、利益に貢献する**ことになります。

② もう1つの情報が必要です。それは何でしょう？

損益分岐点を計算するには、もう1つ考えるポイントがあります。

まだ、店の家賃などを考慮していませんでしたね。

店の家賃（30万円／月）とその他の費用（19.9万円／月）と人件費（47万円／月）の合計は、96.9万円／月です。これらの費用は、売上高とは比例しないで、毎月一定額が発生する費用です。これが**固定費**（Fixed cost）です。以上で、計算に必要な要素は整いました。

③ 損益分岐点の販売数量と売上高を求めましょう

固定費96.9万円と同額の限界利益を稼ぐには、何杯販売する必要があるかを考えましょう。1杯販売すると限界利益255円です。

では、このコーヒーを何倍売れば96.9万円になるかというと、96.9万円になるには、96.9万円÷255円で、3,800杯とわかります。つまり損益分岐点の販売数量は3,800杯。損益分岐点の売上高は3,800杯×300円＝114万円です。

◆「損益分岐点の販売数量と売上高」の計算の流れ

ⅰ．1杯当たりの限界利益を出す
　販売価格－材料費
ⅱ．固定費を出す（家賃、人件費等をピックアップして加算）
ⅲ．損益分岐点の販売数量と売上高を求める
　損益分岐点の販売数量＝固定費÷限界利益
　損益分岐点の売上高＝販売数量×販売価格

■損益分岐点では、固定費＝限界利益となっている

ポイントは、利益がゼロになる損益分岐点の売上高では、固定費＝限界利益となっている点です。これを説明しましょう。

●損益分岐点の売上高から生まれる限界利益

損益分岐点の売上高から生まれる限界利益は、損益分岐点の売上高114万円×限界利益率85％＝96.9万円です。96.9万円は固定費と一致するので、損益分岐点の売上高114万円×限界利益率85％＝固定費96.9万円ということになります。

ここから損益分岐点の売上高を求める公式は下記のようになります。

$$損益分岐点の売上高 = \frac{固定費}{限界利益率}$$

$$3{,}800杯 \times 300円 = \frac{96.9万円}{85\%}$$

公式から覚えると意味がわからなくなりがちですが、計算の意味と流れがつかめると、すんなり理解できるはずです。

2-2 経営安全率と損益分岐点比率
➡利益を生み出す売上高とは何か？

> **POINT** ①経営安全額から生まれる限界利益は、利益となる
> ②経営安全率+損益分岐点比率=100%

　さて、損益分岐点がわかり、ここまで売れれば損益トントンになることがわかりました。でも、それでは利益が出せません。利益を出すためには、損益分岐点を超える売上高、すなわち**経営安全額**に達する売上を上げる必要があります。

　計算例を追いながら解説しましょう。

■赤字転落までの幅を示す経営安全率

　カフェクローバーでは、1か月の売上高は120万円、損益分岐点の売上高は114万円で、その差額は6万円です。この差額が経営安全額(安全余裕額とも呼ばれる)です。売上高120万円のうち、経営安全額6万円の割合を**経営安全率**と呼びます。カフェクローバーの経営安全率は5%です。

Question では、経営安全率5%とは、どんなことを意味しているか、少し考えて説明してみてください。

　経営安全率5%は、現在の売上高が5%ダウンすると損益分岐点の売上高になってしまうことを意味しています。5%超のダウンで、赤字転落と言ってもいいでしょう。

■損益分岐点比率(損益分岐点の位置)から読み取れること

　ここで損益分岐点と経営安全額の関係を見てみましょう。
　次ページ図2-1を見てください。カフェクローバーのように経営安全率が5%の場合は、損益分岐点比率は95%になります(なお、損益分岐点比率が大きいことを、損益分岐点の位置が高いと表現することもあ

ります)。損益分岐点では、固定費＝限界利益ですから、これは売上高が95％に達するまでは固定費＞限界利益であることを意味します。言い換えると、売上高の95％で、固定費を支払う原資（限界利益）を生み出していると理解してください。

2-1　損益分岐点比率と経営安全率

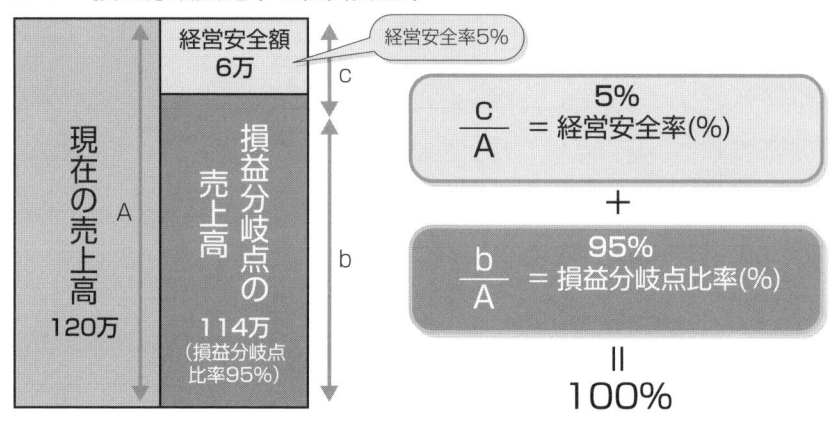

```
経営安全額 6万
経営安全率5％

C/A = 5％ = 経営安全率(％)
　＋
b/A = 95％ = 損益分岐点比率(％)
　＝
100％

現在の売上高 120万　A
損益分岐点の売上高 114万（損益分岐点比率95％）　b
c
```

■ 経営安全額から生まれる限界利益は利益だ

右の図2-2を見てください。

注意していただきたい点は、経営安全額は売上高だということです。経営安全額という売上高を上げると、限界利益が生まれます。これは、損益分岐点に達する売上高を上げたときに限界利益が生まれることと同じです。

損益分岐点の売上高を上げることで生まれる限界利益は、96.9万円です。この限界利益によって、固定費96.9万円をピッタリ支払うことができますが、それ以外は何も残りません。残らないということは、利益は出ないということです。

だから、損益分岐点の売上高と言われるのです。

では、経営安全額という売上高から生まれる限界利益は、どう考えたらいいのでしょうか。

経営安全額から生まれる限界利益は、経営安全額6万円×限界利益率85％＝5.1万円です。

5.1万は利益と一致しています。経営安全額がプラスであるというこ

とは、損益分岐点の売上高を超えているということですから、その後生まれる売上高（経営安全額）からは、利益が生まれます。

以上をまとめれば、「損益分岐点の売上高114万円から生まれる限界利益96.9万円は、固定費96.9万円の支払原資に使うことになり、経営安全額から生まれる限界利益は利益として残る」ということがわかります。

したがって、経営安全額に限界利益率を掛けて、そこから生まれる限界利益を求めれば、利益がいくらになるかを計算できるのです。**「経営安全額から生まれる限界利益は利益だ」**と言われるゆえんです。

図2-2は、利益を増加させるはどうしたらいいかを示しています。
ア．経営安全額を増やすか
イ．限界利益率をアップさせることができれば、
利益は増加するということです。

2-2　損益構造を理解しよう

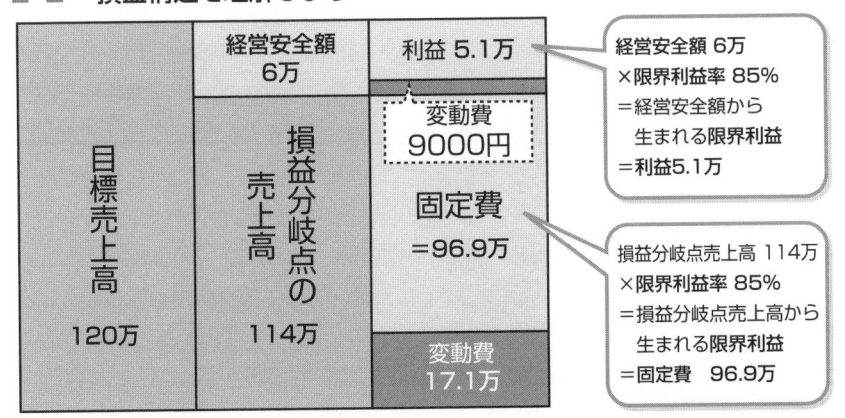

目標売上高 120万	損益分岐点の売上高 114万	経営安全額 6万	利益 5.1万
		変動費 9000円	
		固定費 =96.9万	
		変動費 17.1万	

経営安全額 6万
×限界利益率 85%
＝経営安全額から生まれる限界利益
＝利益5.1万

損益分岐点売上高 114万
×限界利益率 85%
＝損益分岐点売上高から生まれる限界利益
＝固定費　96.9万

2-3 損益分岐点を図でイメージできるようになろう

➡ 図表を描きながら、シッカリ理解しよう

POINT 限界利益図表で、損益分岐点を考えると理解しやすい

■損益分岐点図表を描いてみよう

これまでの計算を図にしてみると、内容がわかりやすくなります。

下の図2-3がカフェクローバーの損益分岐点図表です。実際に描いてみましょう。

2-3 損益分岐点図表

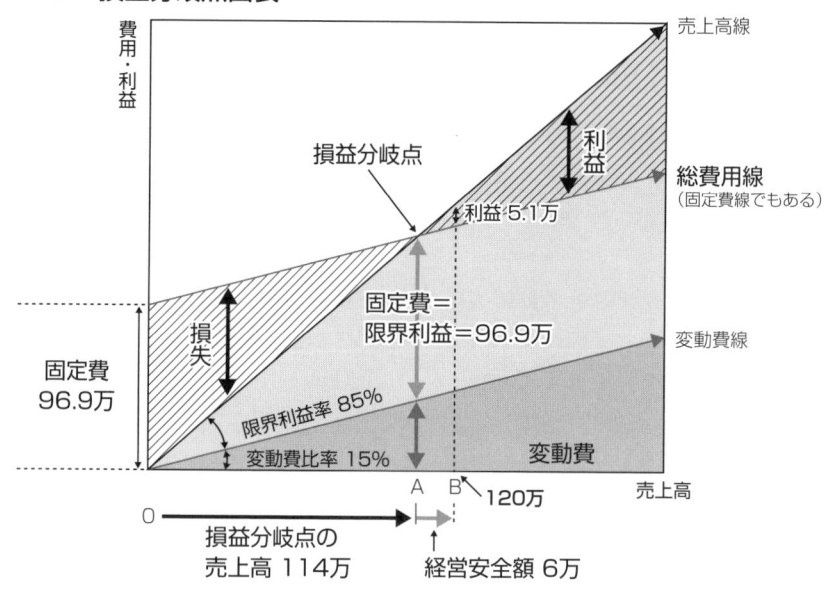

（図中ラベル）
- 費用・利益（縦軸）
- 売上高（横軸）
- 売上高線
- 総費用線（固定費線でもある）
- 変動費線
- 損益分岐点
- 利益 5.1万
- 利益
- 固定費＝限界利益＝96.9万
- 損失
- 限界利益率 85%
- 変動費比率 15%
- 変動費
- 固定費 96.9万
- 損益分岐点の売上高 114万
- 経営安全額 6万
- A B 120万

①縦軸に費用・利益、横軸に売上高をとります。
②対角線を引きます。これは売上高を示します（売上高線）。
③売上高線を参考に、変動費比率15%の変動費線を描きます。
④固定費96.9万円から伸びる直線を変動費線の上に平行に描きます。こ

の線は固定費線ですが、変動費と固定費の合計額を示す総費用線を示しています。

⑤総費用線と売上高線が交わった点が、**損益分岐点**（Break-even point）です。

⑥売上高線と総費用線にはさまれた領域（斜線部分）が、損益を表わしています。損益分岐点の左側の領域は損失で、右側の領域は利益です。

カフェクローバーの例で見てみると、

⑦損益分岐点から、横軸への線を引き下ろして交わったところ（A点）が、損益分岐点の売上高114万を示します。損益分岐点の売上高では、固定費＝限界利益＝96.9万円となっているのを確認してください。

⑧さらに、経営安全額6万円分だけ、売上高の横軸を右に行くとB点です。B点が示す売上高が120万円です。

⑨B点から上に向かって線を引いてみると、総費用線と売上高線に囲まれた部分がわかります。この差が利益5.1万円です。

一般によく目にする損益分岐点図表は、固定費線から描いて、変動費線を上に乗せるように描きます。しかし、それでは、限界利益が分割されて見えにくくなるため、前記のような描き方をお勧めします。

■**限界利益図表を描いてみよう**

損益分岐点図表は、売上高、変動費、固定費の関係が一覧できるので、よく使われますが、ややゴチャゴチャ感があります。そこで、次に紹介する限界利益図表を使えば、図表もスッキリして、損益分岐点を理解するのに便利です。

次ページ図2-4がカフェクローバーの限界利益図表です。次の手順で描いてみてください。

2-4　限界利益図表

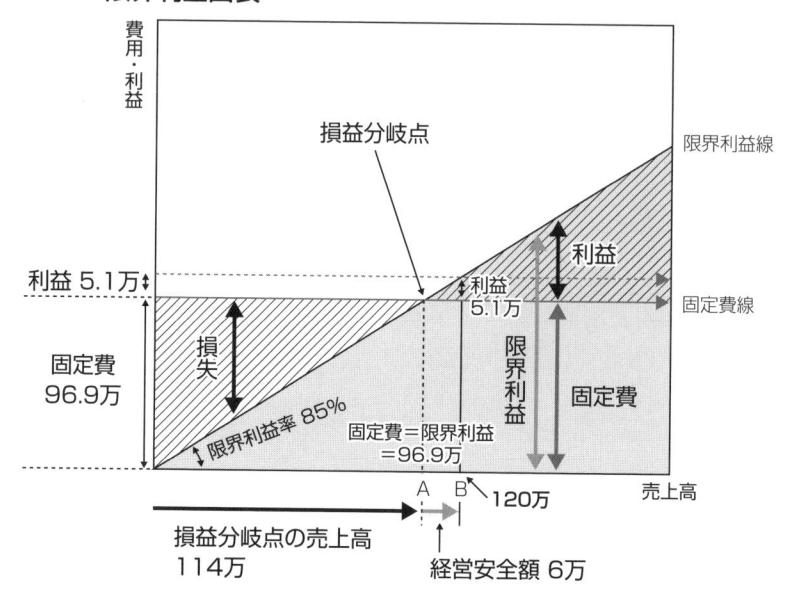

[図：縦軸に費用・利益、横軸に売上高をとった限界利益図表。固定費96.9万、利益5.1万、限界利益率85%、損益分岐点の売上高114万、経営安全額6万、B点120万などが示されている]

① 縦軸に費用・利益、横軸に売上高をとります。
② 固定費96.9万円の目盛りのところで、横軸に平行に固定費線を描きます。
③ 限界利益率85%の傾き（売上高1に対して限界利益0.85）で、限界利益線を描きます。横軸と限界利益線に囲まれた領域が、限界利益です。
④ 限界利益線と固定費線が交わった点が、**損益分岐点**（Break-even point）です。
⑤ 固定費線よりも限界利益線が下の領域が（損益分岐点の左側）は損失で、上の領域（損益分岐点の右側）は**利益**です。
⑥ 損益分岐点から、横軸への線を引き下ろして交わったところ（A点）が、損益分岐点の売上高114万を示します。**損益分岐点の売上高では、固定費＝限界利益＝96.9万円**となっているのを確認してください。
⑦ さらに、経営安全額6万円分だけ、横軸を右に行くとB点です。B点が示す売上高が120万円です。
⑧ B点から上に向かって線を引いてみると、限界利益線と固定費線に囲

まれた部分がわかります。この差が利益5.1万円です。

限界利益図表は、損益分岐点図表から、変動費の領域を積み木に見立てて引き抜くことをイメージしてください（図2-5）。これが、限界利益図表になります。損益分岐点を考えるとき、**限界利益図表**のほうが、シンプルな図表になりお勧めです。

2-5　変動費を引き抜くイメージを持つとわかりやすい

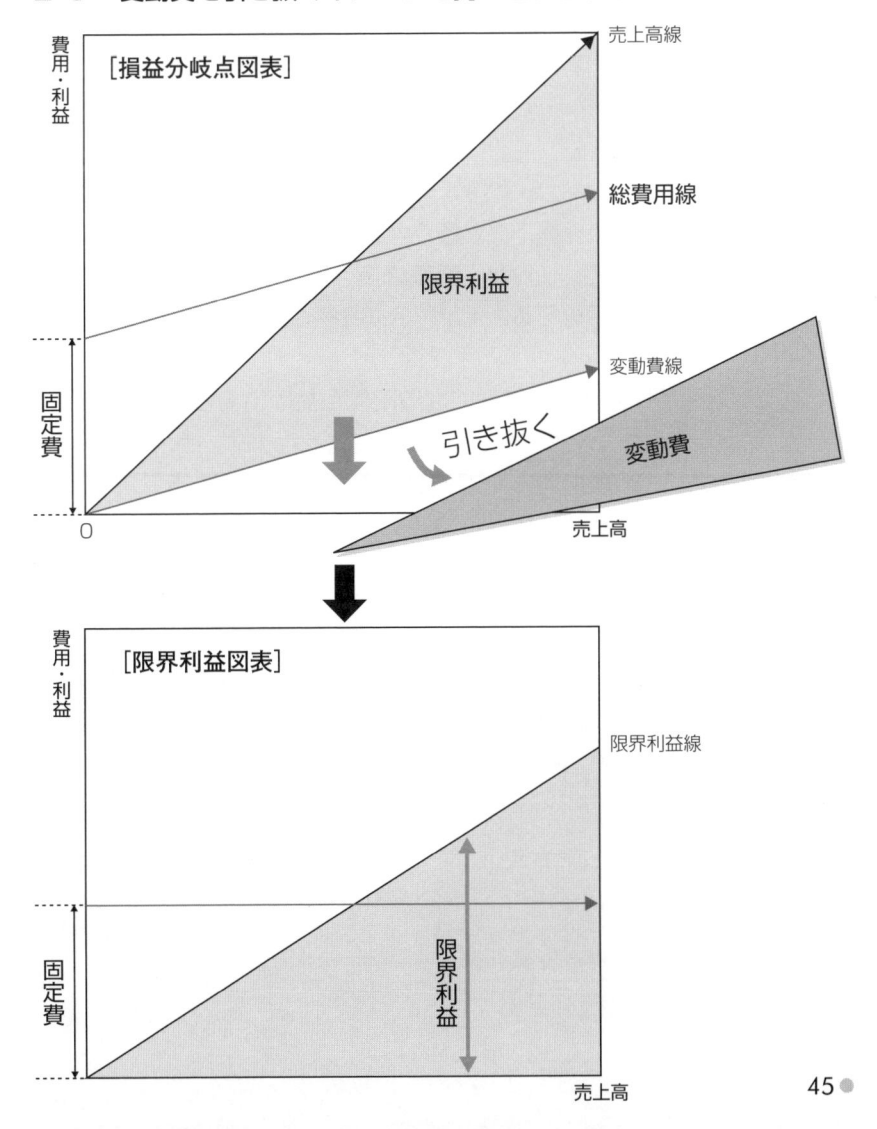

2-4 短期利益計画に応用する

➡費用、売上高、利益の関係をシミュレーションしよう

POINT 利益計画では、費用を変動費、固定費に分解して考える

■目標利益を達成するために必要な売上高を求めよう

変動費、固定費の情報があれば、一定の利益を獲得するための必要売上高や価格設定にも活用できます。その事例を考えてみましょう。

Question カフェクローバーにおいて、月に利益30万円を稼ぎたい。そのときの「売上高と販売数量」はそれぞれどの程度にすればよいのでしょうか。原価構造は変わらないとして考えてください（解答するときは、公式を使わないこと）。

①利益30万円を稼ぐために必要になる限界利益はいくらですか

原価構造に変化がないので、固定費は96.9万円です。利益30万円を稼ぐためには、固定費相当分の限界利益96.9万円と利益30万円を加算した126.9万円の限界利益を生み出す必要があります。

なお、限界利益は、本来は「1個売ると増加する利益」ですが、**それらの合計額も限界利益**と表現します。

②利益30万円を稼ぐための必要売上高と必要販売数量は？

必要販売量をまず求めます。

126.9万円÷255円（1杯当たりの限界利益）≒4976.5杯となります。つまり30万円稼ぐための必要売上高は、4,977杯の販売量です。

必要売上高は、4,977杯×300円＝149万3,100円となります。目標利益を稼ぐための必要売上高を求める公式として、下の式が使われます。

$$必要売上高 = \frac{固定費＋目標利益}{限界利益率} = \frac{96.9万＋30万}{85\%} ≒ 300円 \times 4,977杯$$

ただし、公式を使わず、順番に理解していくことが重要です。なぜなら、公式を使うと「考える」という行為が省略され正しい理解を阻害するからです。考え方が理解できてから公式を使ってください。

■制約がある場合の必要利益達成策を考えてみよう

さて、4,977杯売れば30万円の利益が出ることがわかりましたが、困ったことが起こりました。機械やスタッフの制約で、美味しいコーヒーを作るには、1か月4,000杯が限界です。そうなると、利益30万円を確保するためには、何か別の方法を考える必要があります。

そこで、以下の方法で利益を確保しようと考えました。

Question あなたは、コーヒーとケーキのセット販売で利益30万円を達成しようと考えました。ケーキは仕入で調達し、その原価は120円／個。コーヒーの半分の2,000杯をセット販売とする計画です。セット価格はいくらに設定したらいいでしょうか（他の条件は、当初の計画の通りとします）。

まず限界利益を求めて、そこからケーキ1個の値段を検討しましょう。

①ケーキセットで稼ぐべき限界利益を求めよう

全体で稼ぐべき限界利益はいくらでしょう。そうです、126.9万円（固定費96.9万＋目標利益30万円）です。

コーヒー単品では、2,000杯の販売を予定します。よってコーヒー単品販売で稼げる限界利益は51万円（2,000杯×コーヒー1杯当たりの限界利益255円）です。したがって、セットで稼ぐべき限界利益は、75.9万円（126.9万－51万）になります。

②ケーキセット1個の価格の限界利益はいくらになるでしょう。その金額からセット価格を求めてみましょう

ケーキセットで稼ぐべき限界利益の総額75.9万円をセット販売数2,000セットで割ればセット当たりの限界利益を計算できます。75.9万円÷2,000セット＝379.5円≒380円となります。

セット当たりの限界利益380円に、コーヒーの変動費45円、ケーキの

変動費120円（仕入額）を加算した金額がセット価格になります。

380円＋45円＋120円＝545円以上のセット価格で販売すれば、必要目標利益30万円を達成することができます（図2-6）。

2-6　ケーキセットの価格を考える

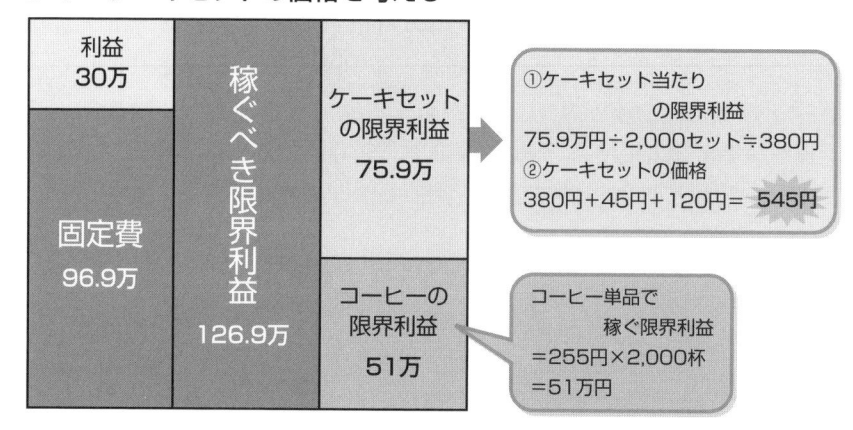

利益30万	稼ぐべき限界利益 126.9万	ケーキセットの限界利益 75.9万
固定費 96.9万		コーヒーの限界利益 51万

①ケーキセット当たりの限界利益
75.9万円÷2,000セット≒380円
②ケーキセットの価格
380円＋45円＋120円＝545円

コーヒー単品で稼ぐ限界利益
＝255円×2,000杯
＝51万円

「目標を達成するための価格を決める」手順は以下の通りです。
①稼ぐべき限界利益の総額を出す　固定費＋目標利益
②商品1個当たりの限界利益を出す
　限界利益の総額÷販売予定数＝商品1個当たりの限界利益
③目標を達成するための販売価格を出す
　商品1個当たりの限界利益＋変動費＝目標を達成できる販売価格

③セット販売は、販売促進策として有効か？

ケーキセットのように、別の商品やサービスをセットにして、販売促進を図り、利益目標を達成する方法はよく使われます。

ラーメンと半チャーハンにトッピングを勧める、ビールとおつまみをセットにしたほろ酔いセット、そばとカツどんのセットなどいろいろあります。

カフェクローバーの場合、コーヒー単品の限界利益が1杯255円であるのに対して、ケーキセットによって、セット料金545円で販売できれば、セット当たり限界利益は380円となり、コーヒー単品より125円（380円－255円）もアップします。この125円が固定費の回収に貢献し

ます。この例のように、4,000杯の制約があっても、セット販売が成功すれば、利益目標が高くても達成できる可能性が出るのです。

■ケーキを自家製にしたらどうなるか（原価構造が変化した場合）

ケーキは外部からの仕入によって購入しました。もし自家製ケーキをセットにすると、どうでしょう。ケーキの仕入値よりもケーキの原材料費のほうが安く済みそうにも思えます。

自家製にすると、ケーキを作るための調理器具が必要になります。ケーキを作る人員が不足し、人件費がアップします。

これまではケーキを外部から仕入れていたために、ケーキ仕入という変動費がかかりましたが、ケーキを自家製（内製化）すると、ケーキ材料仕入、固定費アップなど、原価構造に変化が生じます。

これを考慮し、次の条件で利益目標30万円の達成を考えましょう。

●販売予定　コーヒー単品2,000杯（販売価格300円／杯）
　　　　　　ケーキセット2,000セット
●コーヒー1杯当たりの材料費　45円／杯
●ケーキ1個当たりの材料費　　80円／個
●店の家賃　　　30万円／月
　その他の費用　25万円／月
　人件費　　　　65万円／月　　　　　　計　120万円／月

（注）厨房機器増設でリース料など、その他の費用は月5.1万円アップ。アルバイト1人増員で人件費は月18万円アップ

①ケーキセットで稼ぐべき限界利益を求めよう

ケーキを自家製にすると、ケーキの仕入金額より材料費が少ないので、変動費は下がります。反対に自家製で手間をかけるので、**人件費などの固定費がアップ**します。この点を考慮して計算してみましょう。

ケーキセットで稼ぐべき限界利益は、150万円（固定費120万＋利益30万円）です。コーヒー単品で稼げる限界利益は51万円（2,000杯×コーヒー1杯当たりの限界利益255円）と変わりません。よって、セットで稼ぐべき限界利益は、99万円（150万－51万）になります。

②ケーキセットの価格を求めてみましょう

ケーキセットで稼ぐべき限界利益の総額99万円は、ケーキを仕入れて販売する場合（75.9万円）よりアップしました。ケーキセット販売数2,000で割れば、セット当たりの限界利益を計算できます。99万円÷2,000＝495円です。

セット当たりの限界利益495円に、コーヒーの変動費45円、ケーキの変動費80円を加算した金額が、セット価格です。すると495円＋45円＋80円＝620円以上のセット価格で販売すればよいことになります（図2-7）。

このセット価格では、コーヒー単品300円なので、ケーキは320円の価格となります。ケーキを仕入れた場合は、セット料金545円－コーヒー単価300円で、ケーキは245円の計算になりますから、よほど美味しいケーキを作らないと、このケーキセットの販売目標は、達成できないでしょう。

2-7 自家製ケーキセットの価格を考える

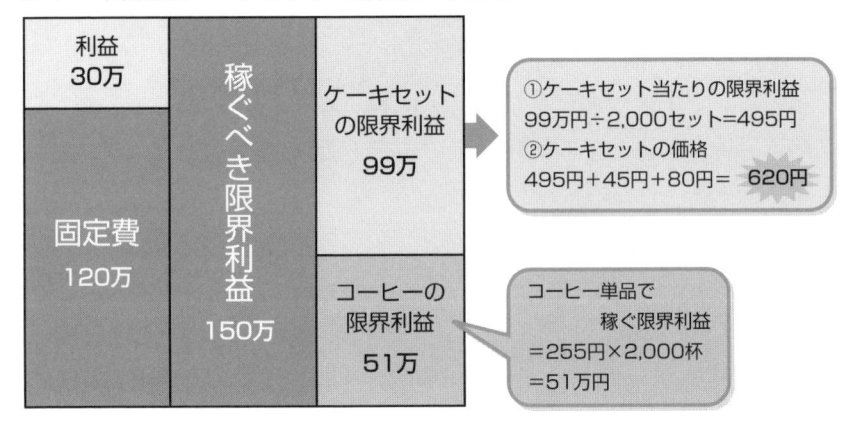

| 利益30万 | 稼ぐべき限界利益 150万 | ケーキセットの限界利益 99万 | ①ケーキセット当たりの限界利益 99万円÷2,000セット＝495円 ②ケーキセットの価格 495円＋45円＋80円＝ 620円 |
| 固定費 120万 | | コーヒーの限界利益 51万 | コーヒー単品で稼ぐ限界利益 ＝255円×2,000杯 ＝51万円 |

CASE 自家製ケーキセットの価格を500円に変更すると、利益30万円を稼ぐには、ケーキセットを何個販売したらいいでしょうか

自家製のケーキでも多くの人に買ってもらえれば、利益が出るのではないかと考え、価格を500円に値下げしたとします。これまでのロジックを理解できていれば、この計算は簡単です。ケーキセットで稼ぐべき限界利益は、99万円（150万円－51万円）と変わりません。次に、セッ

ト価格500円の限界利益は、375円（セット価格500円－コーヒー材料費45円－ケーキの材料費80円）です。

よって、99万円÷375円で、2,640セット販売する必要があります。

しかし、コーヒーは4,000杯しか作れない制約がありました。コーヒー単品2,000杯とセットのコーヒー2,640杯の計4,640杯となり、製造量の限界を超えています。

セット価格500円での販売では、利益30万円の達成は難しいことがわかりました。計画の見直しが必要です（図2-8）。

2-8 自家製ケーキセットを500円で販売するケース

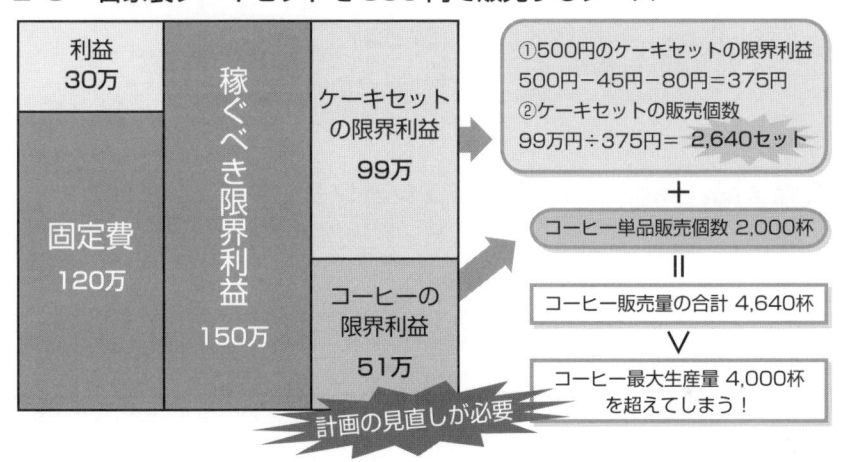

| 利益30万 | 稼ぐべき限界利益 150万 | ケーキセットの限界利益 99万 | ①500円のケーキセットの限界利益 500円－45円－80円＝375円 ②ケーキセットの販売個数 99万円÷375円＝ 2,640セット |
| 固定費120万 | | コーヒーの限界利益 51万 | ＋ コーヒー単品販売個数 2,000杯 ＝ コーヒー販売量の合計 4,640杯 ∨ コーヒー最大生産量 4,000杯を超えてしまう！ |

計画の見直しが必要

CASE 価格500円の自家製ケーキセットを2,000セット、コーヒー単品2,000杯の販売では、利益はいくらでしょう

せっかくですので、自家製ケーキセットを500円で販売したときの利益も計算してみましょう。コーヒーは2,000杯販売すると限界利益は、51万円です。そしてケーキセット500円を2,000個販売すると、限界利益は、75万円（375円×2,000セット）です。合計で、126万円の限界利益が生まれます。固定費が120万なので、利益は6万円です（次ページ図2-9）。

コーヒーを単品で4,000杯販売したときの利益5.1万円から比べて、9,000円しか増えません。**人件費やその他固定費を増やしたのに、あま**

り効果が出ないようです。

2-9　自家製ケーキセットを500円で販売したときの利益は？

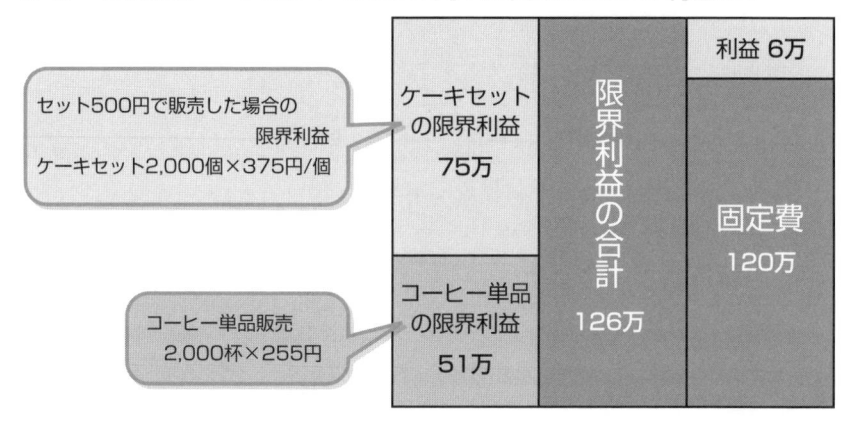

```
セット500円で販売した場合の
限界利益
ケーキセット2,000個×375円/個  →  ケーキセット
                                  の限界利益
                                  75万

コーヒー単品販売
2,000杯×255円  →  コーヒー単品
                   の限界利益
                   51万

限界利益の合計 126万

利益 6万
固定費 120万
```

■売上高、原価、利益でシミュレーションするCVP分析

　コーヒー専門店（カフェクローバー）の販売戦略ついて、いろいろな条件で考えてきました。このように原価（Cost）、売上高や販売量（Volume）、利益（Profit）の関係を条件を変えてシミュレーションしながら分析することを**CVP分析**と呼んでいます。変動費、固定費のコスト構造がわかると、損益分岐点分析だけでなく、計画策定などに使うCVP分析も可能になります。

　第3章で述べる変動損益計算書は、CVP分析に非常に有効です。変動損益計算書を作れば、カフェクローバーのシミュレーション結果をより「見える化」することができます。

■利益を生み出す3つの視点

　自家製ケーキセットでは、利益を増やせないのでしょうか。

　増やせないことはありません。図2-9をよく見てください。利益を出すヒントは、図からイメージすることができます。つまり**利益を出すには、固定費を上回る限界利益を稼げばいいのです**。そのためには、2つの視点が見えてきます。

　1つは、固定費を減らすことです。もう1つは、限界利益を多く稼ぐことです。

限界利益を多く稼ぐためには、さらに2つの視点があります。
　1つは、コーヒーやケーキの材料単価を下げ、販売価格に占める変動費の割合（**変動費比率**）を下げることです。もう1つは、販売価格を高くするなどして、限界利益率をアップすることです。
　以上を整理すると、利益を生み出す＝損益分岐点の売上高を下げる方法は、次のようになります。

> ◆利益を生み出す視点
> 1．固定費を減らす
> 2．限界利益を多く稼ぐ
> 　・材料単価の引下げ（＝変動費比率を下げる）
> 　・販売価格をアップする（＝限界利益率のアップ）

■損益分岐点の売上高を下げるイメージを図表でつかもう

　55ページ図A、図B、図Cは、損益分岐点の売上高を下げて、利益を出す3つの方法を図表化したものです。

　①固定費の削減（図A）は、人件費や家賃などの削減のことです。固定費を削減できれば、損益分岐点の売上高は下がり、利益の出やすい体質になります。

　②変動費比率を低下させる（図B）という視点は、変動費総額を下げるのではなく、販売価格に占める変動費の割合を引き下げることです。カフェクローバーの例で言えば、原料の見直しを図るなどして、1杯45円の変動費を、40円、35円と引き下げることを意味します。
　変動費総額は、販売量を増やすとそれに応じて増加します。総額を削減するという発想では、販売数量を下げる発想になって、間違った方向にいってしまう恐れがあります。

　③限界利益率をアップさせる（図C）のは、変動費比率を引き下げることでも達成できるのですが、基本的には、販売価格をアップさせたり、複数の商品、サービスをミックスさせて、トータルの限界利益率を

アップさせるという方法をとります。

　これは、単なるコストダウンの発想ではありません。

　たとえば、こういうことです。

　1個120円で仕入れたケーキを200円で販売すると、限界利益率は40％（限界利益80円÷売価200円）です。では、ケーキとコーヒー（変動費45円）をセットにして500円で販売できれば、限界利益率はどうなるでしょう。販売価格500円－ケーキの変動費120円－コーヒーの変動費45円で、限界利益は335円になります。よってケーキの限界利益率は67％（335円÷500円）です。ケーキを単品で売ったときの40％より、限界利益率はアップしています。

　ハンバーガーとコーヒーのバリューセット、パソコンと初期設定サービスなど、限界利益率の高い商品やサービスをセット販売することで、限界利益率をアップさせることができます。そのとき固定費が変化しなければ、損益分岐点の売上高は下がります。

2-4 短期利益計画に応用する

図A　固定費の削減（限界利益図表）

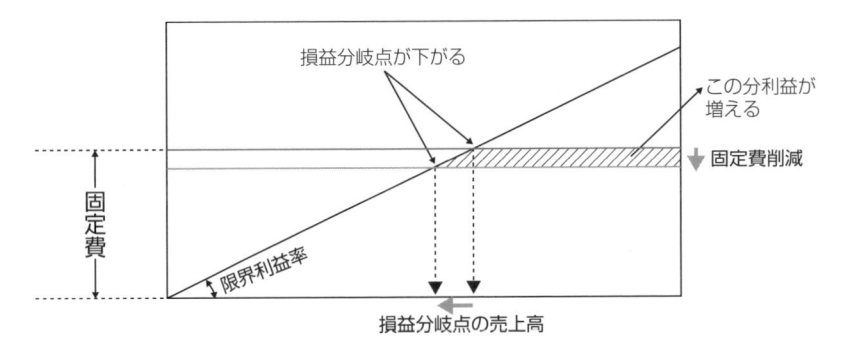

図B　変動費比率を低下させる（損益分岐点図表）

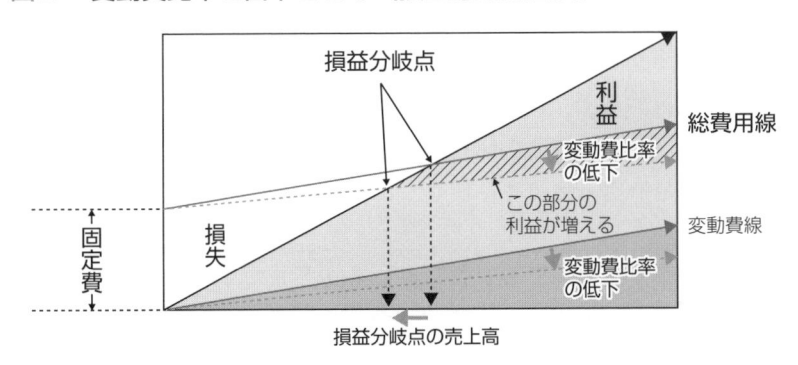

図C　限界利益率のアップ（変動費比率ダウンは除く。限界利益図表）

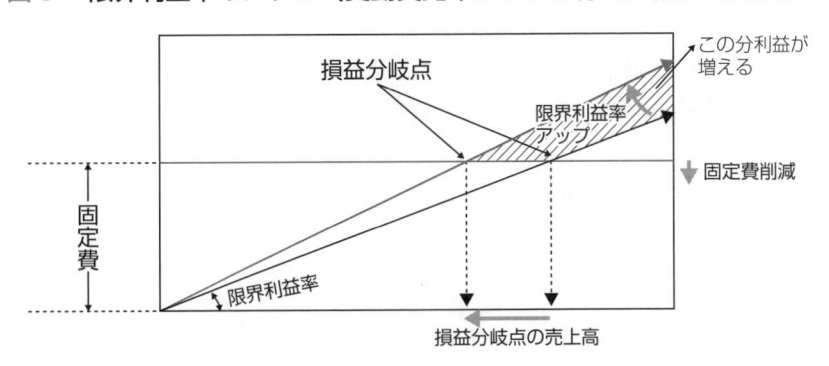

2-5 変動費と固定費の見分け方、考え方

➡ 変動費、固定費の本質を理解しよう

POINT 変動費は、外部から購入した価値。固定費は、付加価値を生み出す力

■変動費（Variable cost）の特徴

損益分岐点分析は、費用を固定費と変動費に分類することで可能になります。ではどのようにして変動費、固定費を見分けるのでしょうか。

よく使われるのは、勘定科目ごとに、変動費、固定費を分類する方法です。

■材料費、消耗品費などを含む「変動費」

カフェクローバーの例では、**材料費を変動費**としました。

材料費は、製造業、建設業、飲食業、ソフト開発業など、多様な業種で発生します。

しかし、材料費といってもその内容はさまざまです。

カフェクローバーでは、材料費の中に、コーヒー豆、水などの本来の材料費のほか、コーヒーを飲むときに使う砂糖、ミルク、紙おしぼりなどの消耗品費も入っています。これらはコーヒーが販売されるごとに、使用されるので、売上高と連動する変動費です。

消耗品費は、製造業や建設業で言えば、**補助材料費**のような位置付けです。**買入部品費**などの名称で呼ばれることもあります。

卸、小売業では、**商品売上原価**が代表的な変動費です。注意すべきは、商品仕入額はすべて変動費とはならないことです。商品仕入額のうち販売されたものが商品売上原価で、残ったものは在庫（たな卸資産）です。在庫は次期以降に販売された時点で、商品売上原価（変動費）になります。よって、商品仕入額のうち在庫分は変動費としません。

同様に考える必要があるのは、材料費や消耗品費です。未使用の材

料、消耗品は、在庫なので変動費になりません。あくまでも使用した分が変動費です。

製造業、建設業、ソフト開発業などで、利用が増えている**外注加工費（外注費）**も変動費です。ソフト開発業では、業務委託費などと別な呼び方をすることもあります。

このような外注費は、売上高と密接な関係があります。建設業の場合、受注があるから下請けに依頼するわけです。かつて、丸投げするというような表現がピッタリなケースがありました。欠陥住宅などの問題は、元請け企業が、設計、施工、検査などを、下請けに丸投げして、責任の所在を不明確にしたことも一因でした。外注費が大きい企業を見るとそんな悪い背景が浮かんで、心配になります。

このほか、発送配達費などの物流にかかわる費用が変動費です。発送配達費は、配達の外注と考えればわかりやすいのではないでしょうか。もし自社で配送するとすれば、トラックを用意し、運転手を雇って配送します。トラックからは、減価償却費やリース料が発生し、運転手の給与などは人件費となります。これらは固定費になりますが、外部に仕事を依頼するなら、外注費です。

財務会計では、自社配送の場合は、物流にかかわる費用（**物流費**）が人件費や減価償却費などに分散するので、管理会計を行なう場合は、それを再集計する必要があります。自社で配送するときは、**燃料費**と運送に使う梱包資材などの使用分（**梱包資材費**）も変動費になります。これは、実際には消耗品費となっていることが多いでしょう。

■変動費の3つの特徴

これまで説明したように、変動費には、材料費、消耗品費、買入部品費、商品売上原価、外注加工費（外注費）、発送配達費、燃料費、梱包資材費などがあります。

並べてみると、変動費に共通する3つの性格が見えてきます。

1つは、**売上高に比例して発生する**ということです。その意味で、変動費は**比例費**とも呼ばれます。この点は、これまで繰り返し説明したよ

うに、最も一般的な特徴です（図2-10）。

2-10 変動費の動き＝売上高に比例して発生

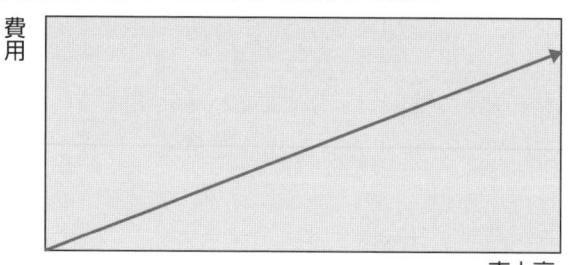

費用 / 売上高・生産高

　2つ目は、生産活動、販売活動を行なうことに連動して、必ず必要になる**直接費**であることです。生産活動、販売活動との関連が非常に強いので、変動費は**業務活動原価**とも呼ばれます。

　これらの材料や商品、外注費などの変動費は、生産活動、販売活動を行なうと発生する費用なので、売上代金から優先的に支払って、次の活動資金（材料仕入、商品仕入、外注への資金）に回す必要があります。もし仕入や外注先への支払が滞ると、材料や商品が手に入らなくなり、生産は止まり、販売活動ができなくなります。

　極端な言い方ですが、支払の優先度は、家賃や人件費という固定費より、短期的には変動費のほうが高いと言えるでしょう。

　3つ目は、変動費の本質的な部分、すなわち**外部から購入した価値**であるという点です。変動費は、自社で作り出した価値ではなく、他社が作った価値を購入したものです。そういう意味で、変動費は、**付加価値を構成しません**。この点は、固定費との対比でこの後整理します。

■ 固定費（Fixed cost）は、変動費以外と考えよう

　固定費は、生産活動、販売活動とは比例せずに、一定額が発生する費用です。つまり、どれだけ商品を作ったり、モノを売ったりしても、金額が変わらない費用です。実際には、変動費を取り出して、それ以外を固定費とするのが実務的です。変動費よりも、固定費になる勘定科目のほうが多いので、変動費を特定できれば、固定費は自然と判明します。

具体的には、給与、法定福利費（厚生年金、健康保険などの会社負担分）などの人件費、地代家賃、減価償却費、リース料などの設備関連費、支払利息などの金融費用などが代表的な固定費です。

■固定費の３つの特徴

これらの固定費に共通する性格を考えてみましょう。

１つ目は、どれだけ生産・販売を行なっても、**その生産高や販売量に比例して費用が増えず、常に一定額が発生する費用であること**です（図2-11）。

2-11　固定費の動き＝常に一定額が発生

費用

売上高・生産高

２つ目は、生産、販売体制を維持し、管理するための費用だということです。月に100万台の生産ができる工場を作れば、生産台数が変化しても、一定額の減価償却費やリース料、地代家賃は発生します。生産設備をメンテナンスする費用も、生産、販売とは比例的に発生するわけではありません。この意味で、固定費のことを**キャパシティコスト**（Capacity cost：能力原価）と呼ぶことがあります。

３つ目は、時間とともに発生する費用ということです。家賃は月当たりいくらで支払います。給与も毎月一定額を支払い、年俸制の場合でも月割りで支払います。

財務会計では、減価償却費は、決算のときに年額を計算して費用に計上します。そのような処理を前提に毎月の損益計算書を作ると、期末に減価償却費分だけ利益の減少が大きくなり、期中は減価償却費の影響を受けません。これでは、営業所などの月次管理を必要とする部門では使

いにくくなります。

　実際の減価は、時間とともに発生しています。管理会計では、この点に注目して、減価償却費の年額を月割り計算して、月次の損益計算を行なうことで、営業現場の業績管理に役立てることができます。

■売上に連動しない固定費をなぜかけるのか……固定費の本質

①もし、固定費をかけなかったら？

　「固定費のないビジネスを行なったら、もっと利益が増えるのでは？」と考える人もいるかもしれません。「経費削減をするなら固定費から」などと言う人もいますね。
　では、次の問いをちょっと考えてみてください。

> **Question** もし変動費だけをかけて、固定費を1銭もかけなかったら、利益はどうなるでしょう。

　次の例で、考えてみましょう。
　自動販売機で、定価100円のジュースを間違って1缶多く買ってしまいました。そこで次に買いに来た人に、「買いすぎたので100円で買ってもらえませんか」と尋ねたとします。親切心や同情心などを考えないとして、100円なら同じ価値ですから買ってくれるかもしれませんね。固定費をかけない状態とは、このような状態です。費用は商品売上原価（変動費100円）です。売上高も100円で、利益は1銭も生まれません。
　固定費をかけるとは、手間をかけることです。固定費（手間）をかけない商売は、外部に支払う変動費は発生しても、手間をかけていないので顧客には何のメリットも感じさせることができません。だから、顧客からそれを見透かされて、変動費に上乗せする利益（これを付加価値と言う）を請求できないのです。手間をかけないと100円以上では販売できないということです。

　固定費をかけると付加価値（粗利益）が生まれます。実際の商売では、販促費とか人件費のような固定費（手間）をかけることで、仕入原価に粗利益を乗せて販売できるのです。

たとえば、定価の100円で仕入れた缶ジュースを山頂まで運んで、300円で販売することを考えましょう。山を降りれば100円で売っている缶ジュースです。しかし、登るのが非常に大変な山頂では、300円でも缶ジュースはよく売れます。

マーケティング的には、「人は喉が渇けば、その場で飲みたいから、200円高くても買うものだ」と説明できます。

これに対し**管理会計的には、300円で売れるのは、手間がかかっているから**と説明します。もちろんこの手間とは固定費のことです。缶ジュースは、麓から人に頼んで人件費を支払い、担いで運んでいるとして、200円の粗利益を稼げるのは、人件費という固定費（手間）をかけているからです。買った顧客もこの点はよくわかっているはずです。

②固定費には粗利益を生み出す力がある
具体的に計算してみましょう。

ジュース200缶を運搬するのに3万円の人件費を支払ったとします。1缶当たり人件費は150円（3万円÷200缶）なので、ジュースの仕入値100円＋人件費150円に50円の利益を乗せれば300円になります。

人件費という固定費をかけたからこそ、粗利益200が生まれたのです。このように**固定費には、粗利益を生み出す力があります**。ここで言う粗利益200円は、売上高300円－変動費100円を控除した**限界利益**です。この限界利益こそ**付加価値**を示しています。固定費をかけると付加価値（粗利益）が生まれるのです。

限界利益200円から固定費150円を控除して利益50円が残ります。

これを経営視点で考えれば、固定費150円をかけて付加価値200円を生み出し、その付加価値を人件費150円と利益50に分配したことになります。

利益の源泉は、付加価値である限界利益です。この限界利益を生み出すことができたのは固定費をかけたから、であることを、シッカリ確認してください（次ページ図2-12）。

2-12　山頂で売る缶ジュースの付加価値

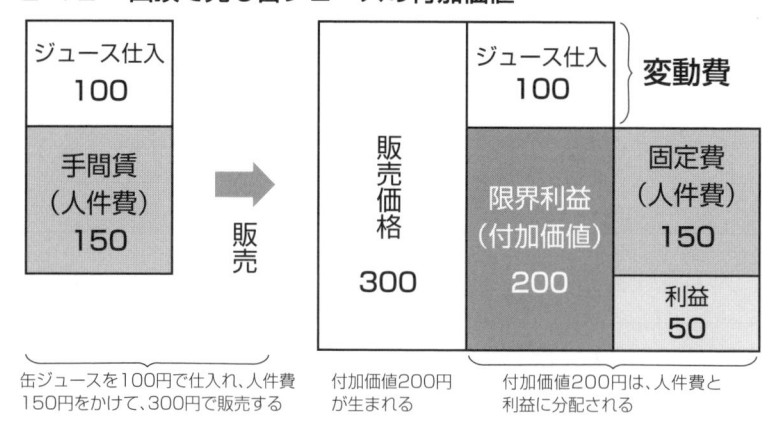

| ジュース仕入 100 / 手間賃（人件費）150 | → 販売 | 販売価格 300 | 限界利益（付加価値）200 | ジュース仕入 100 / 固定費（人件費）150 / 利益 50　変動費 |

缶ジュースを100円で仕入れ、人件費150円をかけて、300円で販売する／付加価値200円が生まれる／付加価値200円は、人件費と利益に分配される

　もし自分で運べば、人件費の支払はないので、1缶当たり200円の利益を手にすることができます（図2-13）。自分で運んだので、手間賃（人件費）は自分に払ったと考えれば、手間賃150円と利益50円の両方を手にできます。これは付加価値すべてが、自分に分配されたことと同じです。自分で運んでも、人件費を支払っても、付加価値は同じです。株式会社で考えれば、利益は株主に分配された額で、人件費は社員に分配されたものだと理解してください。

2-13　もし自分で運んだら、付加価値は利益になる

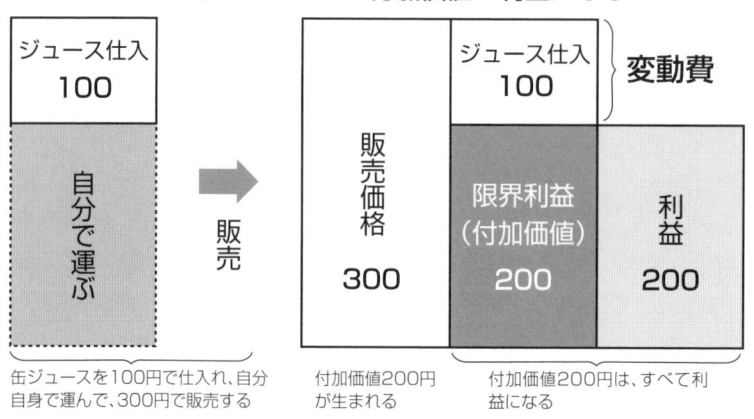

| ジュース仕入 100 / 自分で運ぶ | → 販売 | 販売価格 300 | 限界利益（付加価値）200 | ジュース仕入 100 / 利益 200　変動費 |

缶ジュースを100円で仕入れ、自分自身で運んで、300円で販売する／付加価値200円が生まれる／付加価値200円は、すべて利益になる

③付加価値を生まない固定費は削減の対象になる

　限界利益から固定費を控除するとマイナス（損失）になることもあります（限界利益－固定費＝損失）。損失が発生している場合は、固定費のかけ方が間違っていると考えてください。固定費以上に付加価値を生めなかったのには、何か原因があるのです。

　たとえば、山頂で、他の業者が250円で別のジュースを販売していたため、予想販売量200缶の半分の100缶しか売れなかったとします。200缶売ることを前提に、運賃として人件費を3万円支払っているので、1缶当たりの人件費は150円、販売価格は300円に設定しました。実際は100缶しか売れなかったので、1缶当たりの人件費は300円（3万円÷100缶）になります。すると、販売価格300円－仕入100円－人件費300円で、1缶当たり100円の損失。100缶販売すると1万円（100円×100缶）の損失です。

　売れ残り在庫100缶は自分で持って下山しても、麓では100円でしか売れませんから限界利益はゼロです。下山の固定費はかかっていないので利益もゼロです。結局200缶をすべて販売して、山頂で発生した損失1万円がトータルの損失になります。山頂での販売で、付加価値を2万円（100缶×1缶の限界利益200円）しか生んでいません。

　固定費3万円を使って、付加価値（限界利益）を2万円しか生めなかったので、差し引き損失1万円となったのです。

　実際の商売でもこのようなことが、複雑かつ大規模に起こります。**付加価値を生まない固定費が明らかになれば、その固定費は削減対象にすべき**です。空き店舗や操業停止中の工場などの家賃や減価償却費がその例です。

　このような考え方に基づいて、あなたの本来あるべき給与も算定できます。あなたは、付加価値を生むのに貢献していますか？　もし、そう言い切れなければ、賃下げをされても文句は言えません。

　本質的に考えると固定費は、もっと使うべきです。固定費の使い方を工夫すれば、付加価値は大きく成長するからです。ここから、固定費の4つめの特徴は、**付加価値創造力**を持っていることと言えます。

2-6 固定費と変動費がハッキリしないときの考え方
➡ 準変動費と準固定費に惑わされないように

POINT 一定の操業度を前提すると、短期的には、準変動費、準固定費は、固定費である

■固定費と変動費の要素を持つ「準変動費」

　勘定科目ごとに変動費と固定費を分類する方法は、**勘定科目精査法**と呼ばれます。財務会計のデータを使って、変動損益計算書を作成するには、勘定科目ごとに変動費、固定費を分類するほうが、わかりやすく、分析しやすいので、よく使われる方法です。

　材料費や商品売上原価のように、明らかに売上高・生産高に比例する変動費だとわかる勘定科目だけならいいのですが、固定費や変動費の要素が混在する勘定科目があります。それが準変動費、準固定費です。

　準変動費は、固定費と変動費の２つの要素を持っている勘定科目です。電気代、ガス代、水道代等の水道光熱費や、電話代などの基本料金である固定費部分と従量料金の変動費部分からなる費用です（図2-14）。

2-14 **準変動費**（電気代、ガス代、水道代、電話代など）

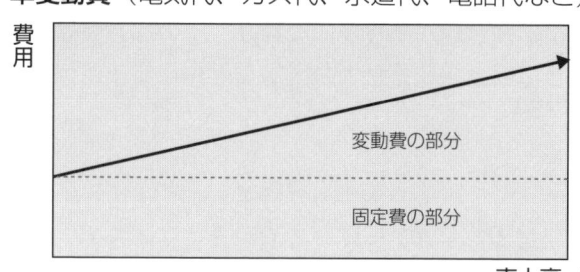

費用／売上高・生産量

変動費の部分
固定費の部分

　固定費部分を固定費として扱い、変動費部分を変動費とするという考え方もありますが、それは正しくありません。

その理由は、損益分岐点分析や短期利益計画のために使われる変動費、固定費は、2つの前提があるからです。その前提とは、**短期間の分析**であること、**正常な操業度（販売量、生産量、営業時間などのこと）の範囲で考えること**です。とても重要な視点ですので覚えておいてください。

たとえば、スーパーで12時間営業を行なう場合を考えてください。12時間で使う電気代は、一定の金額になります。電気代は、売上高に比例して発生するのではなく、むしろ営業時間に比例して発生するのです。固定費は時間とともに発生する費用ですから、正常な営業形態を前提にすれば、電気代は一定金額が発生する固定費です。

ガス代、水道代、電話代なども同様です（もし売上高、生産高に比例した課金方式で、費用が発生するなら変動費ですが……）。

図2-14を見てしまうと変動費の要素が強いと考えがちですが、一定の人員、設備などが変化しない短期間での操業度を前提にすると、固定費と考える必要があります。短期とは、長くても1年以内の期間と考えたらいいでしょう。

■操業度によって変化する「準固定費」

営業時間などの操業度がアップすると、各操業度の水準で一定額の固定費が発生することになります。この動きを示したものが図2-15です。**一定の操業度では、一定の固定費が発生し、ある水準を超えると急に固定費が増加する**ような動きをすることがあります。このような動きをする固定費を**準固定費**と呼んでいます。

2-15 **準固定費**（パート・アルバイト代、販売促進費など）

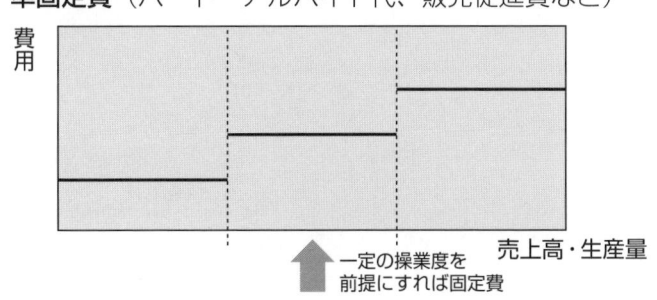

（縦軸：費用、横軸：売上高・生産量）

一定の操業度を前提にすれば固定費

たとえば、7時間営業、12時間営業、24時間営業では固定費の水準が異なります。残業や人員増で人件費や水道光熱費もアップします。販売促進費なども準固定費として動きをとらえ、計画を考える必要があります。

　1年以内で考える短期利益計画では、一定の操業度で、一定の固定費が発生することを前提に考えます。1年の中で、いくつかの売上高や生産高の水準があるなら、それぞれの水準を別のケースとして考えればいいわけです。12時間営業で20名体制ならどの程度の固定費で、24時間営業で25人体制ならどの程度の固定費、という具合です。

　一方、3か年の利益計画を考えるときには、売上規模の大きな変化に伴って、変動費比率は変化し、固定費の発生総額が変化するはずです。そのようなときは、少なくとも**毎年、変動費比率と固定費総額を、売上高や生産高に応じて変更**して考えましょう。

　材料費や商品仕入のような変動費でも同じように考えます。1万個仕入れたケースでは材料単価100円、2万なら80円というように、一定の売上高や生産高を前提に、変動費、固定費の条件を考えればよいのです。

2-7 勘定科目別データがないときの損益分岐点の求め方
➡ 高低2点法と最小2乗法

> **POINT** 最小2乗法は、収益と費用の関係を分析するのに役に立つ

　ここまで勘定科目で変動費・固定費を分けて変動費比率と固定費総額を出し、損益分岐点を求める方法を説明してきました。

　今度は勘定科目データがない場合に変動費比率、固定費総額を求める方法を説明します。

■売上高と費用の関係をおおまかにとらえる「高低2点法」

　売上高と費用のデータが時系列で手に入る場合は、売上高と費用の関係を大まかにとらえることができます。以下の6年間のデータをもとに、実際に見ていきましょう。

2-16　ある企業の売上高と費用の6年間のデータ

(単位：百万円)

	売上高	費用
11年	1,200	1,170
12年	1,300	1,240
13年	1,400	1,330
14年	1,500	1,425
15年	1,600	1,530
16年	1,700	1,620

　まず、感覚的にとらえてみましょう。Y軸に費用、X軸に売上高をプロットします（68ページ図2-17）。11年が左下の位置で、16年が右上の位置です。この2つの点を直線で結んでみます。

　この直線の傾きを求めて、変動費比率とする方法が、高低2点法です。なお例としてあげたデータは、たまたま時系列で大きくなっていますが、あくまで最高の位置と最低の位置を直線で結ぶのがルールです。

この直線の傾きは、下の式で求められます。

$$変動費比率(a) = \frac{(1,620\text{百万円} - 1,170\text{百万円})}{(1,700\text{百万円} - 1,200\text{百万円})} = \frac{450\text{百万円}}{500\text{百万円}} = 90\%$$

$$固定費 = \underbrace{1,170\text{百万円}}_{費用} - \underbrace{1,200\text{百万円} \times 90\%(a)}_{変動費} = 90\text{百万円}$$

　この方法は、かなり大雑把な方法ですが、「変動費比率が90%になると、売上高が100伸び、変動費は90増加する傾向がある」など、売上高と費用の関係を見ることができます。ただし、最高値と最低値には、異常値が入っている可能性があるので、もう少しデータがあるときは、2番目のデータを採用するとか、正常な売上高、費用の範囲を考慮して選択するなどの配慮が必要でしょう。

2-17　高低2点法

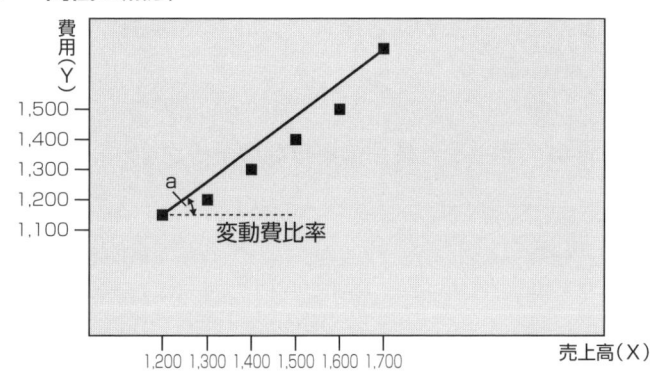

■最小2乗法による回帰分析

　前述の方法だとかなり傾きが荒っぽくなるので、統計分析でよく使われる**最小2乗法**を使った単純回帰分析を行ない、1次方程式を導き出す方法を紹介しましょう。
　図2-18のように、図2-17で引いた売上高と費用の関係を示す点の間を平均的に通る直線の傾きを求め、売上高がゼロのときの費用を固定費と推計するものです。

2-18 最小2乗法によって、固定費、変動費比率を求める

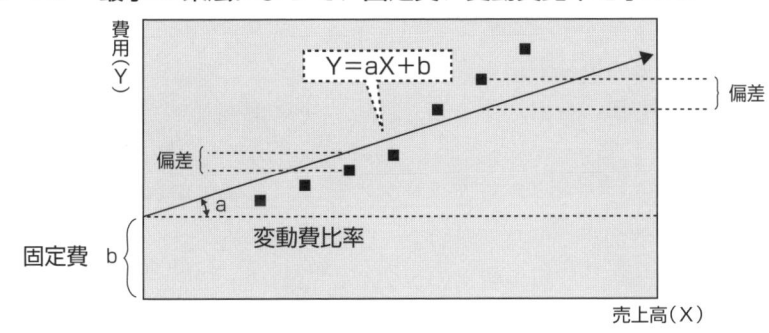

費用Y=売上高X×変動費比率a+固定費b（Y=aX+b）という式が成り立つaとbを求めます。

①変動費比率を求める

変動費比率は、以下の式で求めます。

$$変動費比率 = \frac{売上高と費用の共分散}{売上高の分散} = \frac{26{,}792\ 百万円}{29{,}167\ 百万円} \times 100 ≒ 91.86\%$$

計算は、下記の通りです。

2-19 最小2乗法よる計算

(単位：百万円)

	売上高 ①	売上高の偏差 ①－売上高の平均値 ②	(偏差)² (②)²	費用 ③	費用の偏差 ③－費用の平均値 ④	共分散 ②×④
11年	1,200	▲250	62,500	1,170	▲216	53,958
12年	1,300	▲150	22,500	1,240	▲146	21,875
13年	1,400	▲50	2,500	1,330	▲56	2,792
14年	1,500	50	2,500	1,425	39	1,958
15年	1,600	150	22,500	1,530	144	21,625
16年	1,700	250	62,500	1,620	234	58,542
合計	8,700	0	175,000	8,315	0	160,750
平均値	1,450		29,167	1,386		26,792

分散↑　　　　　　　　　共分散↑
(注)計算誤差あり

変動費比率＝26,792÷29,167＝91.86％
固定費＝費用平均値－売上高平均値×変動費比率
　　　＝1,386－1,450×91.86％＝54(百万円)

少し説明します。

共分散は、2組のデータの関係性を見るもので、それぞれのデータの平均からの偏差の積の平均を求めたものです。ここでは、各年の売上高と費用の偏差を掛けたものの合計を出し、その平均値（26,792）を出しています。

偏差は、各値とその平均値との差のことで、各値が平均値からどのくらい離れているかを示しています。（各値－その平均値）で求めます。ここでは、売上高と費用の個々の値から、売上高・費用のそれぞれの平均値を引いています（売上高－売上高の平均値、費用－費用の平均値）。そして、売上高の偏差と費用の偏差を掛けて共分散を算出しています。

分散は、偏差を2乗した値の平均値です。バラツキの度合いを示しています。大きければ大きいほどバラツキが大きいことを示します。69ページ図2-19では、売上高の分散（29,167）を算出しています。

なお、分散の平方根を求めると、よく知られている**標準偏差**になります。標準偏差も平均値からのかけ離れ度合いを表わしています。

②固定費を求める

固定費は、費用＝売上高×変動費比率＋固定費（$Y = aX + b$）の関係があるので、**固定費＝費用平均値－売上高平均値×変動費比率**で求めることができます。

1,386百万円－1,450百万円×91.86%≒54百万円（固定費）

③損益分岐点の売上高を求める

固定費÷限界利益率＝損益分岐点の売上高 なので、
54百万円÷（1－91.86%）≒663百万円となります。

実践コラム

営業現場に役立つ損益分岐点分析の活用法

　営業をしていると、期末になって、予算達成のための追い込みが年中行事のように襲ってくるものです。そんな営業を仕切るマネジャーであるあなたに、期末を乗り切るアイディアを提供しましょう。

　大体、期末の追い込みが必要になるのは、期中で少しばかりの気の緩みがあることが一因です。売上予算の達成だけならあまり問題にならないのですが、利益予算の達成が課せられている場合は、利益達成度合いをタイムリーに把握できないので、現場のマネジメントも簡単ではありません。経理部での集計を待っていては、期末が過ぎてしまいます。
　もし、経理部での集計を待たずとも、利益がいくら出ているかを認識し、営業担当者を叱咤激励することができれば、よりよい結果に導けるのではないでしょうか。

　そのために、次のような手を使ってはどうでしょう。
　まず計画段階で、営業所ごとの1か月の固定費を大まかにつかみます。これは、経理部門の協力で可能なはずです。後は、月間の販売計画に基づく予定限界利益率を予測して決めておきます（商品・サービスごとに販売計画を決める過程で、予定限界利益率も決めていれば、その後の計算はより正確になります）。
　日々上がってくる売上高は、営業所でも把握できますね。この売上高に予定限界利益率を乗じた数字が1か月の固定費と一致する日が、**損益分岐点を通過した日**です。

　通過した日からが、利益予算達成に向けた営業マネジャーの力の発揮どころです。損益分岐点を通過した日の翌日の朝礼で、営業マネジャーは、こう激励しましょう。
　「きょうから営業で上がる売上高の60％が営業利益です。わが営業所の今月の営業利益予算は120万円。1人40万、5人で200万円の売上高を上げれば、利益予算達成です。あと3日間、がんばろう」

さあ、ここで問題です。
①予定限界利益率はいくら？
②200万円の売上高を何と呼びますか？
解答は、①予定限界利益率は60％で、②の200万円は経営安全額です。
経営安全額に含まれる限界利益（200万円×60％＝120万円）は、そのまま営業利益になります。すでに損益分岐点の売上高を超えているからです。このことを利用して、営業マネジャーは、各担当者を激励するのです。

各担当者には、自分が上げた売上高の60％が、会社の利益に貢献することを認識させます。担当者は、常に自分が利益にどのくらい貢献しているかを、簡単な計算をしながら営業ができるわけです。もし値引きをしたら、値引き分は、同額の限界利益が減少し、利益を減少させます。この点も肝に銘ずる必要があります。

利益予算120万円を達成し、120万円を超えた分の半分は業績賞与として支給するなどの仕組みを組み込めれば、現場のモチベーションは上がるでしょう。営業利益が220万円なら、超過分100万円の半分の50万円が業績賞与の原資になります。50万円を5人で分ければ、1人当たり10万円の賞与上乗せが可能になります。

期末の追い込みでは売上指向に陥りがちです。そこで見失いがちな利益を再確認させ、数字に強い営業を育成できるとよいでしょう。
営業しながら、利益の予想計算ができるこの考え方なら、営業担当者が利益に貢献していることを具体的に確認できるのです。

ただし、1つ条件があります。営業担当者が、損益分岐点、経営安全額、限界利益率などの基礎知識を理解していることです。
この点は、意外と盲点で、会社数字に弱い営業ばかりだと、仕組みを作っても、意味がわからず実効性に乏しくなってしまいます。
この本を読み終わったあなたなら、きっと上手に説明できることでしょう。

第3章
変動損益計算書の活用法

　変動損益計算書は、公表される損益計算書とは違います。費用を変動費、固定費に分類して、作成する損益計算書です。

　変動損益計算書は、管理会計で活用する多くの情報を入手できる管理資料です。たとえば、支店や営業所別に変動損益計算書を作成して、月次の業績管理に役立てることができます。これによって第2章で説明した、損益分岐点分析を、支店や営業所ごとに行なうことも可能になります。

　第3章で、その具体的な例を紹介するので、ぜひ理解してください。

3-1 変動損益計算書を作ってみよう
➡ コーヒー専門店(カフェクローバー)のケース

POINT 変動損益計算書は、損益をシミュレーションできる

■売上高、変動費、固定費、限界利益の関係をイメージしよう

　変動損益計算書は、一般に公表される決算書とは違い、費用を変動費、固定費に分類して作成する損益計算書です。その内容は、業績管理に役立つ情報が満載で、管理会計の入り口とも言えるものです。

　どのように活用するかについて、カフェクローバーの例で、お話ししましょう。

　図3-1は、カフェクローバーの1か月の計画(コーヒー単品を4,000杯販売するケース)を変動損益計算書にしたものです。売上高、変動費、固定費、限界利益の関係を示しています。変動損益計算書からは、変動費や固定費が変わると、必要な売上高はどう変わってくるのか、どれだけ費用をかけると利益はどうなるのかがわかります。

3-1　売上高、変動費、固定費、限界利益の関係を示す変動損益計算書

(コーヒー単品を4,000杯販売するケース)

変動費 18万
売上高 120万
限界利益 102万
固定費 96.9万
営業利益 5.1万

				構成比①	構成比②
①	売上高	1,200,000	300円×4,000杯	100.0%	
②	変動費	180,000	45円×4,000杯	15.0%	
③	限界利益 ①-②	1,020,000	255円×4,000杯	85.0%	100.0%
	人件費	470,000		39.2%	46.1%
	家賃	300,000		25.0%	29.4%
	その他	199,000		16.6%	19.5%
④	固定費合計	969,000		80.8%	95.0%
	営業利益 ③-④	51,000		4.3%	5.0%

前にも説明した通り、売上高から変動費を引いたものが限界利益、限界利益から固定費を引いたものが利益です。

損益分岐点分析では、一般的に、利益は営業利益を示しています。営業利益は、売上高から売上原価と販売費・一般管理費を引き算して求めます。したがって、変動費・固定費は、売上原価と販売費・一般管理費を対象に分類することになります。

そして、費用を変動費・固定費に分類し、損益計算書にしたものが、変動損益計算書です。

変動損益計算書を作れば、第2章でも説明したように、損益分岐点の売上高や損益分岐点比率などの指標を計算する基礎データを得ることができます。そのため企業内部で使う業績管理用の損益計算書として、活用されるのです。

■目標利益30万円、2,000杯のコーヒーと2,000個のケーキセットを販売した場合を変動損益計算書で示してみよう

〈変動損益計算書〉
(単位:円)

		コーヒー単品	ケーキセット	合計	構成比①	構成比②	
	販売単価	300	544.5	※セット価格545円			
	材料費(コーヒー)	45	45	←コーヒー1杯の材料費			
	(ケーキ)		120	←仕入れたケーキの原価/個			
	限界利益	255	379.5				
	限界利益率	85.0%	69.7%				
	販売数量	2,000	2,000				
①	売上高	600,000	1,089,000	1,689,000	100.0%		
②	変動費	90,000	330,000	420,000	24.9%		
③	限界利益①−②	510,000	759,000	1,269,000	75.1%	100.0%	
	限界利益率	85.0%	69.7%	75.1%			
	人件費			470,000	27.8%	37.0%	労働分配率
	家賃			300,000	17.8%	23.6%	
	その他			199,000	11.8%	15.7%	
④	固定費合計			969,000	57.4%	76.4%	
	営業利益 ③−④			300,000	17.8%	23.6%	資本分配率

（左側縦書き：売上高・限界利益の明細）

75ページの変動損益計算書は、コーヒー単品とケーキセットごとの売上高、変動費、限界利益の明細を示しています。これにより、商品別の売上高と限界利益が、どのような内容になっているのかを分析することができます。

　固定費は、合計額を勘定科目ごとに表示します。
　構成比①は、売上高に対する構成比です。その売上高を得るためには、どのような費用を使っているか、利益の割合はどうなっているのかを示します。
　ここでは、**変動費比率**が24.9％、**限界利益率**が75.1％、固定費の売上高に対する比率（**固定費比率**）は57.4％、**売上高営業利益率**17.8％であることが読み取れます。

　構成比②は、限界利益に対する構成比です。限界利益に占める人件費の割合を**労働分配率**と呼びます。この**割合が大きいほど、人件費負担が重い**ということを示す指標で、人件費の分析には欠くことのできない指標です。カフェクローバーでは、37.0％になっています。
　限界利益に占める営業利益の割合を**資本分配率**と呼びます。資本分配率23.6％は、限界利益のうち営業利益がどのくらいか、つまり資本にどのくらいの割合で分配されたのかを示しています。

　75ページの変動損益計算書では、コーヒー単品の価格を300円、ケーキセットの価格を544.5円（実際に売るのは545円）にしたときに、営業利益が30万円となっています。したがって、この価格以上にしないと、目標利益30万円を稼ぐことができないことを示しています。

■変動損益計算書でシミュレーションをする

CASE ケーキセットの価格を500円に下げた場合

　近隣の喫茶店との価格を考えて、545円では高いのではないかと考えました。そこで、セット価格545円を500円に下げた場合の変動損益計算書は、下図のようになります。

〈変動損益計算書〉
(単位：円)

		コーヒー単品	ケーキセット	合計	構成比①	構成比②	
	販売単価	300	500	※セット価格500円			
	材料費	45	45	←コーヒー1杯の材料費			
			120	←仕入れたケーキの原価/個			
	限界利益	255	335				
	限界利益率	85.0%	67.0%				
	販売数量	2,000	2,000	合計	構成比①	構成比②	
①	売上高	600,000	1,000,000	1,600,000	100.0%		
②	変動費	90,000	330,000	420,000	26.3%		
③	限界利益①-②	510,000	670,000	1,180,000	73.8%	100.0%	アップ
	限界利益率	85.0%	67.0%	73.8%			
	人件費			470,000	29.4%	39.8%	労働分配率
	家賃			300,000	18.8%	25.4%	
	その他			199,000	12.4%	16.9%	
④	固定費合計			969,000	60.6%	82.1%	
	営業利益③-④			211,000	13.2%	17.9%	資本分配率

　営業利益が、21.1万円にダウンし、売上高営業利益率が13.2％にダウンしています。労働分配率は、39.8％にアップしています。これは限界利益が減少したことで、人件費の負担がアップしたことを意味しています。

　変動損益計算書では、価格を下げると、人件費の負担がどう変化するかまで見えてくるんですね。

CASE 自家製ケーキをセットにして2,000個販売し、コーヒーは単品で2,000杯、目標利益30万円を得るには？

〈変動損益計算書〉
(単位：円)

		コーヒー単品	ケーキセット	合計	構成比①	構成比②	
	販売単価	300	620	※セット価格620円			
	材料費	45	45	←コーヒー1杯の材料費			
			80	←自家製ケーキの材料費/個			
	限界利益	255	495				
	限界利益率	85.0%	79.8%				
	販売数量	2,000	2,000				
①	売上高	600,000	1,240,000	1,840,000	100.0%		
②	変動費	90,000	250,000	340,000	18.5%		
③	限界利益①-②	510,000	990,000	1,500,000	81.5%	100.0%	
	限界利益率	85.0%	79.8%	81.5%			
	人件費			650,000	35.3%	43.3%	労働分配率
	家賃			300,000	16.3%	20.0%	
	その他			250,000	13.6%	16.7%	
④	固定費合計			1,200,000	65.2%	80.0%	
	営業利益③-④			300,000	16.3%	20.0%	資本分配率

（左側縦書き：売上高・限界利益の明細）

　先ほどの例で、価格を下げる方法では、利益が上がらないことがわかりました。そこで、商品自体の魅力を高めるため、自家製ケーキに再チャレンジすることを考えてみます。上の変動損益計算書は、自家製ケーキを使ったケーキセットとコーヒー単品のケースです。

　この場合、目標利益30万円を達成するのに必要な売上高は184万円。仕入によるケーキセットの場合（75ページ変動損益計算書）では、売上高が168.9万円です。自家製ケーキをセットにしたほうが、30万円の利益を獲得するのに必要な売上高は、15.1万円大きくなっています。

　その主な理由は、固定費が96.9万円から120万円に、23.1万円増加していることです。

　そこで、セット価格を620円すると、セット当たりの限界利益率は79.8％（ケーキ仕入のケースでは、限界利益率69.7％）と高くなり、全体の限界利益率も81.5％（ケーキ仕入のケースでは、限界利益率75.1％）

3-1 変動損益計算書を作ってみよう

と6.4ポイントアップします。これは、ケーキを自家製にすることで付加価値を高めたと考えられます。

CASE 自家製ケーキセット550円で、目標利益30万円を達成できる、自家製ケーキのセットの販売数は？（ただし、コーヒー4,000杯が上限）

〈変動損益計算書〉

（単位：円）		コーヒー単品	ケーキセット	合計	構成比①	構成比②	
	販売単価	300	550	※セット価格550円			
	材料費	45	45	←コーヒー1杯の材料費			
			80	←自家製ケーキの材料費/個			
	限界利益	255	425				
	限界利益率	85.0%	77.3%				
	販売数量	1,176	2,824	合計	構成比①	構成比②	
①	売上高	352,800	1,553,200	1,906,000	100.0%		
②	変動費	52,920	353,000	405,920	21.3%		
③	限界利益①-②	299,880	1,200,200	1,500,080	78.7%	100.0%	
	限界利益率	85.0%	77.3%	78.7%			
	人件費			650,000	34.1%	43.3%	労働分配率
	家賃			300,000	15.7%	20.0%	
	その他			250,000	13.1%	16.7%	
④	固定費合計			1,200,000	63.0%	80.0%	
	営業利益③-④			300,080	15.7%	20.0%	資本分配率

（左縦書き）売上高・限界利益の明細

目標利益30万円の確保のために、セット価格を620円に値上げせざるを得ないということは、競争の点から、課題が残ります。そこで、競合店などの状況から判断して適性と思われる550円にセット価格を下げて、ケーキセットの販売数を増やせば、コーヒー4,000杯（製造の上限）の範囲で、目標利益30万円を達成できるかもしれません。

このシミュレーションも、変動損益計算書があれば、簡単にできます。早速、検証してみましょう。

変動損益計算書を表計算ソフトでシミュレーションし、セット販売数を何度か入れ直していくと、2,824セットで営業利益が30万円を超えました。その際のコーヒー単品の販売数は1,176杯（4,000杯－2,824杯）です（上図）。

■利益をアップさせるには、自家製ケーキ

仕入れたケーキをセットにした場合は、セット価格545円で、2,000個のケーキを販売することで、利益30万円を達成できました。自家製ケーキでは、セット価格550円で、2,824セットと824個多いケーキが必要です。数字の上では、ケーキを仕入れたほうがよさそうですが、果たしてそうでしょうか。

仕入れたケーキは、自社の特徴を出せず、一般的にどこにでもあるケーキです。そうなると販売数の伸びは期待できません。ここでは2,000個の販売がやっとと考えます。これに対して自家製のケーキを美味しく作り、それをアピールすることで、顧客の支持を得て、販売数が増える可能性は十分に考えられます。この点は、ケーキを仕入れるか、自家製にするかの判断ポイントです。

ここまでの計算で、自家製ケーキが評判になって、仕入れたケーキより自家製ケーキセットを824個多く販売できれば、同じ30万円の利益が可能なことがわかりました。

自家製ケーキは、現状の設備で4,000個までは製造販売が可能で、設備などの関連固定費も増えないとします。

そこで、自家製ケーキの販売を伸ばすために、テイクアウトをはじめてはどうでしょう。販売価格は、ケーキ1個300円とします。こうなると利益はさらに増えることが予想されます。

■自家製ケーキをテイクアウト可能にすると…

自家製ケーキのテイクアウトを可能にすることで、包装箱が必要になります。包装箱には、ケーキを4個まで入れることができるとし、1箱5円で仕入れます。これは変動費です。顧客当たり平均2.5個のケーキを販売すると仮定すると、顧客1人当たり545円（300円×2.5個－材料費80円×2.5個－包装箱5円）の限界利益を得ると想定できます。

テイクアウトで400人にケーキ（400人×2.5個＝1,000個）を販売できれば、21.8万円（400人×545円）の限界利益を得ると想定できます。

そして**限界利益21.8万円**は、そのまま**利益の増加**として表われます。

ここまでの計算は、下の図3-2のような変動損益計算書に表わすことができます。

3-2 ケーキ単品を、500個販売したときの変動損益計算書

(単位：円)	コーヒー単品	ケーキセット	ケーキのテイクアウト		合計	構成比①	構成比②	
販売単価	300	550	300					
平均購入個数			2.5					
平均客単価			750					
客数			400					
材料費	45	45	200	←80×2.5個				
		80	5	←1箱				
限界利益	255	425	545					
限界利益率	85.0%	77.3%	72.7%					
販売数量	1,176	2,824	1,000		合計	構成比①	構成比②	
① 売上高	352,800	1,553,200	300,000		2,206,000	100.0%		
② 変動費	52,920	353,000	82,000		487,920	22.1%		
③ 限界利益 ①−②	299,880	1,200,200	218,000		1,718,080	77.9%	100.0%	
限界利益率	85.0%	77.3%	72.7%		77.9%			
人件費					650,000	29.5%	37.8%	労働分配率
家賃					300,000	13.6%	17.5%	
その他					250,000	11.3%	14.6%	
④ 固定費合計					1,200,000	54.4%	69.8%	
営業利益 ③−④					518,080	23.5%	30.2%	資本分配率

> 営業利益518,080円−300,080円（79ページの営業利益）＝218,000円
> ＝テイクアウト1人当たりの限界利益545円×400人

しかし、実は、変動損益計算書を作るまでもなく、増加する利益を計算する方法があります。

この例では、コーヒー単品1,176杯とケーキセット2,824個の販売で損益分岐点を超えることができました。その上にテイクアウトのケーキを販売するのですから、テイクアウトのケーキで稼いだ限界利益21.8万円は、そのまま利益になります（次ページ図3-3）。一般的に損益分岐点の売上高を超えていれば（経営安全額がプラスであれば）、経営安全額か

ら生まれる限界利益は、そのまま利益になることを知っておきましょう。

3-3 ケーキをテイクアウトした場合の利益への貢献

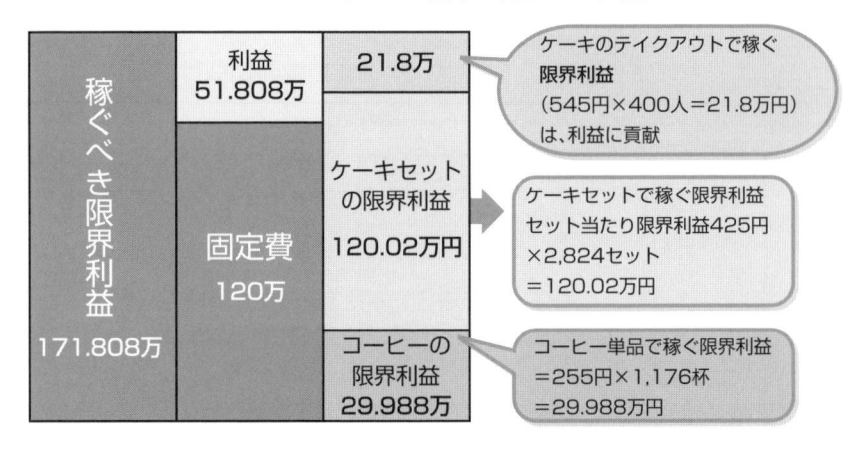

稼ぐべき限界利益 171.808万	利益 51.808万	21.8万	→ ケーキのテイクアウトで稼ぐ限界利益（545円×400人＝21.8万円）は、利益に貢献
	固定費 120万	ケーキセットの限界利益 120.02万円	→ ケーキセットで稼ぐ限界利益 セット当たり限界利益425円×2,824セット＝120.02万円
		コーヒーの限界利益 29.988万	→ コーヒー単品で稼ぐ限界利益＝255円×1,176杯＝29.988万円

この考え方は、大変重要です。

計画通りにいくかは、もちろんわかりません。しかし、自家製ケーキのように、固定費をかけて付加価値（限界利益）を生み出す挑戦は、いつの時代にも必要なことではないでしょうか。

固定費は付加価値を生み出す力があることを再確認してください（60ページ参照）。そんな挑戦を支援する業績管理ツールが、変動損益計算書であり、管理会計なのです。

3-2 変動損益計算書は、付加価値計算書だ
➡ 付加価値のとらえ方を理解しよう

> **POINT** 変動損益計算書は、付加価値の金額、発生した理由（固定費の内容）を明らかにできる

■顧客は、付加価値を感覚的にとらえている

　付加価値を高めるとか、付加価値を創造するという表現をよく使いますね。付加価値とは、どのようなものでしょうか。コーヒー販売に関連する話で進めてきましたが、この一連の話で、読者のみなさんへ一番伝えたいことは、付加価値の意味です。

　カフェでコーヒーに300円支払う人は、コーヒー豆やミルクなどの材料を購入しているのではなく、コーヒーの味を楽しむことやカフェで一休みすることの対価と考えて購入しています。カフェは、材料費が45円なら、255円（300円 − 45円）の付加価値を生んでいるわけです。

　第1章で取り上げた高級ホテルのラウンジでは、コーヒー1杯1,000円でした。数十円から高くても数百円程度の材料費に、付加価値を付けて1,000円で販売しているのです。

　どうやって付加価値を付けているかと言えば、コーヒーの味はもちろんのこと、従業員のサービス、ムードのある高価な調度品、落ち着いた雰囲気、きれいな景色などの提供です。材料費を100円とすれば、顧客はさらに900円を払えば、これらのサービスを1時間程度は楽しめる（購入できる）のです。考えてみれば安いものです。

　スターバックスコーヒーに行けば、学生が受験勉強をしている姿もよく目にします。コーヒー1杯数百円の付加価値で、スペースを借りているわけです。

　付加価値は、高級ホテルラウンジで飲む1,000円コーヒーの限界利益900円のことです。900円が高いか安いかは、顧客が感覚的に決めています。ホテルやカフェ側からすれば、人件費や地代家賃などの固定費をかけることで、付加価値を創り出しているのです。固定費は、付加価値

を創造する力があることは、第2章ですでに説明しましたね。

■一般の損益計算書でわかること

図3-4は、スーパー銭湯の損益計算書です。構成比を見てください。売上総利益率11.4％、売上高営業利益率3.5％です。

スーパー銭湯の売上総利益率が11.4％ということは、経営的にこのスーパー銭湯がどのような状況にあることを示しているでしょうか。

3-4　スーパー銭湯の損益計算書

(単位：万円)

金額	金額	構成比
売上高	879,000	100.0％
△売上原価	779,000	88.6％
売上総利益	100,000	11.4％
△販売費・一般管理費	69,300	7.9％
営業利益	30,700	3.5％

この点を考える場合には、売上原価の内容を分析する必要があります。

売上原価と販売費・一般管理費の主な内訳は、図3-5のようになっています。売上原価は、商品売上原価とサービス原価に分かれています。

商品売上原価は、スーパー銭湯内で売られている飲料や入浴用品などの仕入商品の売上原価で、小売部門の売上原価です。

サービス原価は、銭湯の現場で発生した費用です。現場で仕事をしている人の人件費（労務費）と清掃作業などの業務委託費、水道光熱費、その他経費（減価償却費、リース料など）が含まれています。

これらの売上原価（商品売上原価とサービス原価）は、スーパー銭湯を運営するための**直接原価**です。製造業で考えれば、工場で発生した製造直接費（材料費、労務費、製造経費などが含まれる）となります。

売上原価率は88.6％ですから、**スーパー銭湯の費用の大部分は、銭湯の運営現場でかかっている**ことがわかります。

3-5　売上原価と販売費・一般管理費の内訳

（単位：万円）

			構成比
①	商品売上原価	112,000	14.4%
②	サービス原価	667,000	85.6%
内訳	労務費	160,000	20.5%
	業務委託費	117,000	15.0%
	水道光熱費	120,000	15.4%
	その他経費	270,000	34.7%
①+②	売上原価	779,000	100.0%

販管人件費	32,200
ポイント販促費	6,000
その他	31,100
販売費・一般管理費の合計	69,300
従業員	130
臨時社員	560

（注）販管人件費＝販売費・一般管理費に属する人件費

　売上原価の内訳（構成比）を見ると、商品売上原価は14.4％と低く、サービス原価の割合が85.6％と大部分を占めています。サービス業としての特徴が出ています。

　販売費・一般管理費は、本社で発生した費用で、売上高の7.9％と少なくなっています。一般的な損益計算書で、読めるのはこのくらいです。

　では、変動損益計算書では何がわかるのでしょうか、実際に作って、考えてみましょう。

■変動損益計算書を作成してみよう

　まず、**売上原価の項目を変動費、固定費に分類**します。

　商品売上原価と業務委託費と水道光熱費を変動費とします。サービス原価に含まれる費用のうち、労務費とその他経費は固定費とします。

　販売費・一般管理費の中のポイント販促費は、銭湯を利用するたびにポイントを付与するもので、変動費とします。

　このような変動費、固定費の分類作業をしたら、図3-6に転記して、変動損益計算書を完成させます。

　構成比は、売上高を100%とした構成比①と限界利益を100%とした構成比②の2つを計算しましょう。

　すると変動損益計算書は、88ページ図3-7のようになります。
　損益分岐点の売上高以下の経営指標は、図3-6に添えた計算式にしたがって計算してください。

3-6 変動損益計算書の雛形（記入用紙）

	変動損益計算書	（単位：万円）	構成比①	構成比②
1	売上高		100.0%	
	①商品売上原価			
	②業務委託費			
	③水道光熱費			
	④ポイント販促費			
2	変動費合計（①+②+③+④）			
3	限界利益（1−2）			100.0%
4	限界利益率(%)（3÷1）			
	⑤人件費合計（A＋B）			
	A 労務費			
	B 販管人件費			
	⑥その他経費			
	⑦その他の販管費			
5	固定費合計（⑤+⑥+⑦）			
6	営業利益（3−5）			
7	損益分岐点売上高（5÷4） 損益分岐点比率(%)（7÷1）			
8	経営安全額（1−7） 経営安全率(%) 　　（100%−損益分岐点比率）			
9	労働分配率(%) 　　（人件費合計÷3）			
	労働生産性（万円） 　　（3÷社員数）			
	一人当たり人件費（万円） 　　（人件費合計÷社員数）			
10	社員数（人） 　　（注）臨時社員は0.5人で計算			

■変動損益計算書なら付加価値が見える

図3-7が、作成したスーパー銭湯の変動損益計算書です。84ページ図3-4の損益計算書と比べてください。

3-7　スーパー銭湯の変動損益計算書

	変動損益計算書	(単位：万円)	構成比①	構成比②
1	売上高	879,000	100.0%	
	①商品売上原価	112,000	12.7%	
	②業務委託費	117,000	13.3%	
	③水道光熱費	120,000	13.7%	
	④ポイント販促費	6,000	0.7%	
2	変動費合計(①+②+③+④)	355,000	40.4%	
3	限界利益(1-2)	524,000	59.6%	100.0%
4	限界利益率(%)(3÷1)	59.6%		
	⑤人件費合計(A+B)	192,200	21.9%	36.7%
	A　労務費	160,000	18.2%	30.5%
	B　販管人件費	32,200	3.7%	6.1%
	⑥その他経費	270,000	30.7%	51.5%
	⑦その他の販管費	31,100	3.5%	5.9%
5	固定費合計(⑤+⑥+⑦)	493,300	56.1%	94.1%
6	営業利益(3-5)	30,700	3.5%	5.9%

営業利益はどちらも3億700万円ですが、注目すべきなのは、限界利益52億4000万円です。**一般の損益計算書における粗利益である売上総利益10億円と比較すると、5.24倍になっています。**売上原価の中に固定費が含まれていることが、限界利益が大きい主な理由です。

限界利益は、売上高から商品売上原価、業務委託費、水道光熱費などの変動費（外部購入原価）を引いて求めます。これらを除いた限界利益は、企業が生み出した付加価値を示しています。

売上高に対する限界利益の割合である限界利益率は59.6％であるのに対し、損益計算書の売上総利益率は11.4％となっています。どちらも売上高における粗利益率を示すものなのに、大きな違いが出ていますね。

コーヒーの例で見たように、限界利益率が付加価値の売上高に対する割合（**売上高付加価値率**）を示しています。付加価値を高める源泉は固定費です。通常の損益計算書では、付加価値を簡単に把握できないばか

りか、どのように付加価値を高めたか（固定費の内訳または使い方）がわかりませんが、変動損益計算書では、その部分も含めて分析できるのです。

　ホテルのラウンジで飲むコーヒーの粗利益率を考えたときと同じ問いをスーパー銭湯でしたら、あなたはどう答えるでしょうか。すなわち、「スーパー銭湯の粗利益率は、高いでしょうか？　低いでしょうか？」という質問です。
　ここまで読み進めてきた方なら、迷わず「粗利益率は高い」と答えるのではないでしょうか。粗利益率の本質は、売上高付加価値率のことです。サービス業の売上高付加価値率は、感覚的にも高いと考える方は多いものです。事実、スーパー銭湯の売上高付加価値率（限界利益率）は59.6％もあるのです。

①損益構造図で、付加価値の違いを確認しよう
　図3-8は一般的な損益計算書です。

3-8　「スーパー銭湯」の損益計算書の構造図

売上高 100%
87億9,000万

売上原価率 88.6%

売上総利益率 11.4%

販管費比率 7.9%

営業利益 3億700万
（売上高営業利益率　3.5%）

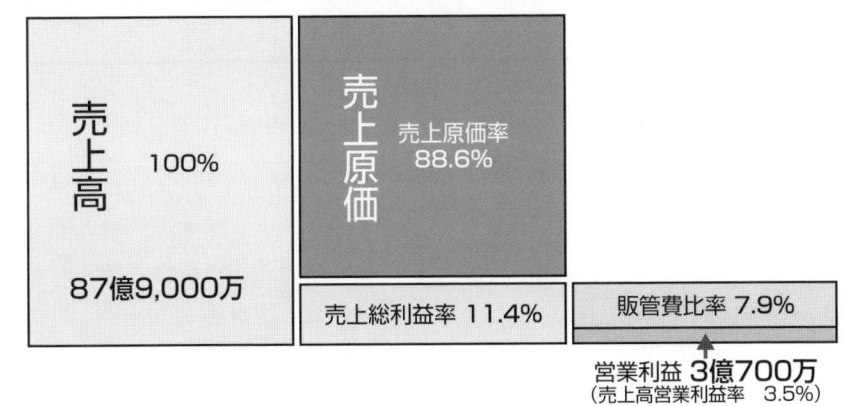

　図3-8で売上総利益率が11.4％になってしまうのは、売上原価の大きさが原因であることがわかります。損益計算書を見ると、売上総利益を大きくするには売上原価を減らさなければならないと考えてしまうかもしれません。

図3-9は、変動損益計算書です。こちらでは、限界利益率の大きさが目立ちます。

3-9 「スーパー銭湯」の変動損益計算書

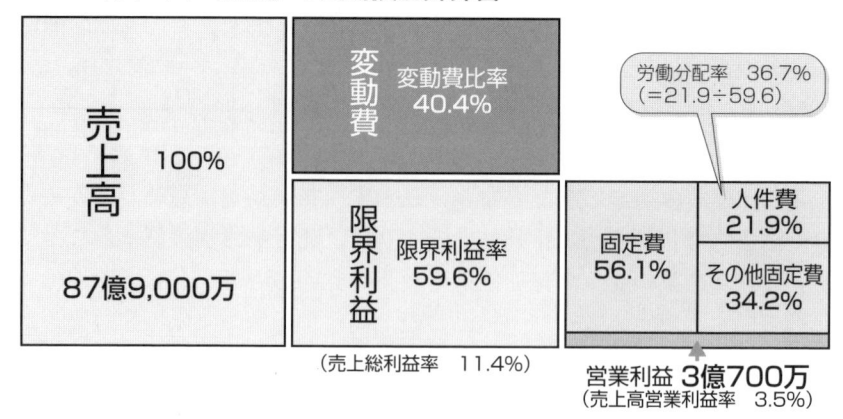

売上高 100% 87億9,000万	変動費 変動費比率 40.4%
	限界利益 限界利益率 59.6%

労働分配率 36.7%
（＝21.9÷59.6）

固定費 56.1%
人件費 21.9%
その他固定費 34.2%

（売上総利益率 11.4%）

営業利益 3億700万
（売上高営業利益率 3.5%）

　スーパー銭湯の付加価値（限界利益）は、何種類もの温泉施設や飲食施設やレジャー施設へ投資し、人的サービスの提供によって高まっています。設備投資するということは、減価償却費やリース料というコストをかけることを意味し、人的サービスを提供するということは、教育訓練費や労務費をかけることを意味します。これらの固定費をかける結果、付加価値（限界利益）が生まれているのです。これまでも説明してきましたが、これがポイントです。

　顧客の立場で考えれば、理解できるのではないでしょうか。新たな設備投資もしない、設備が古いまま、サービス精神のない従業員ばかりのスーパー銭湯をあなたは利用しますか？
　したがって、現場をよく見て、どんな戦略をとるべきかを考えていくには、変動損益計算書を代表とする管理会計が役に立つのです。

3-3

変動損益計算書で見えてくる経営の姿
➡ 付加価値分析を理解しよう

> **POINT** 変動損益計算書は、①付加価値（限界利益）の大きさ、②付加価値を生み出す源泉（固定費）、③付加価値の人への分配割合（労働分配率）、④その他固定費への分配が見える業績管理表だ

■経営の流れは、投資にはじまり、分配で清算する

変動損益計算書を作ったら、それを分析して経営に活かしましょう。
　変動損益計算書からわかることは、付加価値の大きさ（限界利益（率））と付加価値を生み出している源泉（固定費の内訳）は何かということです。すなわち変動損益計算を作って分析するということは、付加価値分析をするということです。

　ここで再確認しておきたいのは、固定費をかけることで付加価値が生まれるということです。そしてその付加価値は、ヒトやモノに分配されます（分配というのは、要は、得た付加価値からヒトにいくら、モノにいくら回すか、ということです）。
　92ページ図3-10を見てください。付加価値が生まれ、分配されていく流れを示しています。特に、**付加価値が、給与や賞与（人件費）、税金や株主への支払原資になっていること**を確認しましょう。

①バリューチェーンと固定費

研究開発からはじまり、製品・サービス内容の企画、製造、販売、物流、情報という流れの中で、付加価値が構築されていきます。この**付加価値を生み出す流れは、バリューチェーン（価値連鎖）と呼ばれています**（図3-10）。
　企業は、どの段階で付加価値を生み出すかを戦略的に考えて、その段階に重点投資します。重点投資先が研究開発段階であれば、研究開発費に多くの資金が向けられます。製造段階であれば生産設備に、小売では

3-10 変動損益計算書であきらかになる経営の姿

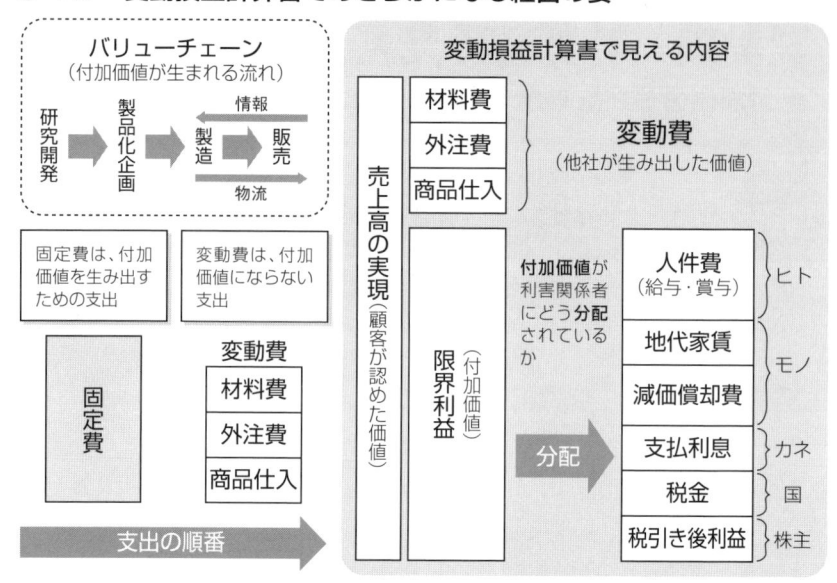

バリューチェーン（付加価値が生まれる流れ）
研究開発 → 製品化企画 → 製造 ← 情報 → 販売、物流

変動損益計算書で見える内容

- 売上高の実現（顧客が認めた価値）
- 材料費、外注費、商品仕入 → 変動費（他社が生み出した価値）
- 限界利益（付加価値）→ 分配 → 付加価値が利害関係者にどう分配されているか
  - 人件費（給与・賞与）／ヒト
  - 地代家賃／モノ
  - 減価償却費／モノ
  - 支払利息／カネ
  - 税金／国
  - 税引き後利益／株主

固定費は、付加価値を生み出すための支出
変動費は、付加価値にならない支出

固定費／変動費（材料費、外注費、商品仕入）
← 支出の順番 →

店舗設備に資金を使います。販売段階であれば、営業担当の人件費や教育訓練費に資金を重点的に投資するでしょう。これらの投資は、減価償却費や人件費のような固定費となって損益計算書に表われます。

固定費が発生すると、実際の活動がはじまります。材料の仕入、外注の利用、商品の仕入などの変動費を使った活動です。変動費は、生産・販売を行なうと発生するため、固定費より後の段階で発生する傾向があります。固定費をかけないと、すべての活動はスタートしないのです。

②売上高からは、変動費を先に回収する

販売によって売上が計上されると、まず売上代金から変動費を支払う原資を確保しなければなりません。なぜなら、変動費である次の生産のための材料仕入や販売のための商品仕入を続けないと、生産、販売がストップしてしまいます。そういう意味で、当面どうしても必要な支出が変動費です。変動費を**業務活動原価**と呼ぶ理由です。震災などで、原材料のメーカーが操業停止に陥って、その原材料を利用する完成品メーカーの生産がストップする事態もありましたね。これは変動費が業務活動原価であることを示しています。

③付加価値の分配

　売上高から、変動費を支払うと、限界利益が残ります。これが付加価値です。付加価値は、**付加価値を生み出すために支出したコスト（投資）の回収のために使われます。**

　ヒトへの投資が人件費、モノへの投資が減価償却費やリース料、カネへの投資（資金の借入）で支払利息が発生します。その結果、付加価値である限界利益が生み出されたのですから、それはヒト、モノ、カネへ分配されるのです。もっと広く考えれば、国や株主を含めて、企業の**利害関係者（ステークホルダー）**に分配されます。

　優先させるのは、ヒトへの分配です。給与や賞与という形で還元されます。人件費は、付加価値が生まれなければ、一時的な支払はできても、何年も支払を続けることはできません。業績賞与などは、特に付加価値の分配という考え方にマッチするのではないでしょうか。

　モノへの分配は、投資の回収分としての減価償却費、リース料相当額を確保することを意味します。減価償却費は、次なる投資として貯蓄されます。

　金融機関などからの借入金（カネ）に対しては、支払利息として分配されます。やはり付加価値なくしては利息も払えません。

　国に対しては、租税公課や法人税、住民税として支払います。企業の付加価値の一部が分配されたというのが本質です。

　最後に残った付加価値が**税引後利益（純利益）**です。税引後利益は、一部は配当や自社株買いを通して株主へ分配されます。残りは、利益剰余金として、貸借対照表の株主資本に貯蓄されます。これも株主への分配です。また、株主は、配当や利益剰余金の増加によって株価が上がったときと、市場で株式を売却すれば、株式投資資金を回収することもできます。

■変動損益計算書で明らかになる５つの経営指標

　変動損益計算書を作成することで、一般的な損益計算書では得られない経営指標が見えてきます。

　すでに説明したものも含めて、スーパー銭湯の例で整理してみましょ

う。図3-11は、スーパー銭湯の例で、これから説明する指標を計算したものです（87ページ図3-6の下の部分です。5÷4　などの数字は図3-6と対応しています）。以下、各指標の見方のポイントをまとめました。

3-11　変動損益計算書であきらかになる経営指標

	変動損益計算書	（単位：万円）	構成比①	構成比②
1	売上高	879,000	100.0%	
	①商品売上原価	112,000	12.7%	
	②業務委託費	117,000	13.3%	
	③水道光熱費	120,000	13.7%	
	④ポイント販促費	6,000	0.7%	
2	変動費合計（①+②+③+④）	355,000	40.4%	
3	限界利益（1−2）	524,000	59.6%	100.0%
4	限界利益率（%）（3÷1）	59.6%		
	⑤人件費合計（A＋B）	192,200	21.9%	36.7%
	A　労務費	160,000	18.2%	30.5%
	B　販管人件費	32,200	3.7%	6.1%
	⑥その他経費	270,000	30.7%	51.5%
	⑦その他の販管費	31,100	3.5%	5.9%
5	固定費合計（⑤+⑥+⑦）	493,300	56.1%	94.1%
6	営業利益（3−5）	30,700	3.5%	5.9%
7	損益分岐点売上高（5÷4） 損益分岐点比率（%）（7÷1）	827,501 94.1%		
8	経営安全額（1−7） 経営安全率（%） （100%−損益分岐点比率）	51,499 5.9%		
9	労働分配率（%） （人件費合計÷3）	36.7%		
	労働生産性（万円） （3÷社員数）	1,278		
	一人当たり人件費（万円） （人件費合計÷社員数）	469		
10	社員数（人） （注）臨時社員は0.5人で計算	410		

（注）損益分岐点売上高は、限界利益率を59.6％で手計算すると、計算誤差が出ます。気になる方は、59.6132％で計算してみてください
（注）社員数は、臨時社員を0.5人で計算し、130人＋560人×0.5人＝410人となります。

①限界利益と限界利益率

限界利益は、売上高から変動費を引いて求めます。限界利益は、一種の付加価値で、付加価値分析に活用します。

84ページの損益計算書の売上総利益率11.4％（一般的にこれを粗利益率と呼ぶ）は、付加価値率を正しく示さないので、限界利益率59.6％を企業の付加価値率と認識して、経営を進めることが重要です。

②損益分岐点の売上高と損益分岐点比率

利益がゼロになる売上高を損益分岐点の売上高と言います。損益分岐点の売上高82億7,501万円（左図7参照）の水準では、固定費と限界利益が同じ49億3,300万円となっています（限界利益＝損益分岐点の売上高82億7,501万円×限界利益率59.6132％）。限界利益49億3,300万円を稼いでも、固定費の支払（回収）ですべて使われてしまうので、利益に回す限界利益が残りません。

損益分岐点比率は、売上高（87億9,000万円）に占める損益分岐点の売上高（82億7,501万円）の割合です。スーパー銭湯では、94.1％になっています。**損益分岐点比率が小さいほど、赤字に陥る可能性が小さくなります。** 一般的な損益分岐点比率の判断基準を下に示しました。94.1％という水準は、赤字に陥る可能性が高く、あまりよくない水準です。

3-12　損益分岐点比率の判定基準

優良	～70 未満	注意	90 以上～95 未満
健全	70 以上～80 未満	危険	95 超～
普通	80 以上～90 未満		

③経営安全額と経営安全率

売上高87億9,000万円と損益分岐点の売上高82億7,501万円の差額を経営安全額（5億1,499万円）と呼びます。**安全余裕額**とも言われます。

経営安全額は、利益を生んでいる売上高です。経営安全額（5億1,499万円）が生み出す限界利益は3億700万円（5億1,499万円×限界利益率59.6132％）で、利益3億700万円と一致します。

どれだけ経営が安全であるかを示す経営安全率は、この例では5.9％（経営安全額5億1,499万円÷売上高87億9,000万円）となります。

経営安全率5.9％（≒5.8588％）ということは、売上高が5.9％ダウンしても、赤字にならないこと（利益ゼロ）を意味しています。つまり、売上高が5.9％ダウンすると売上高は82億7,501万円（87億9,000万円×（1－0.058588））になります。これは損益分岐点の売上高と一致します。

経営安全率が大きければ、売上ダウン率が大きくても、赤字に陥る可能性が小さくなるということです。そういう意味で、経営安全率は、不

況抵抗力を示し、大きいほど不況抵抗力は高いと判断できます。

④労働分配率

労働分配率は、限界利益（52億4,000万円）に対する人件費（19億2,200万円）の割合です。スーパー銭湯では36.7％となっています。

労働分配率は、優良企業ほど小さくなっていきます。優良企業は、限界利益がどんどん増え、人件費もそれにつれて大きくなりますが、人件費の伸び率が、限界利益の伸び率よりも小さいことが多いからです。

赤字企業（営業利益がマイナス）や利益がギリギリの企業では、人件費を増やさないように、または減らすようにマネジメントしますが、限界利益の減少率が大きくなって、労働分配率は大きくなっていきます。一般的な黒字企業では、50％前半くらいですが、赤字企業になると60％を超える企業も見られます。赤字企業では、限界利益の多くが人件費に支払われ、利益が残らないわけです。そしてこれが、人員削減、給与カットなどのリストラの引き金になります。中期的には、限界利益率を高めるような高付加価値戦略への転換が必要です。

労働分配率の目標を決めるのは、経営者にとって重要な意思決定事項です。限界利益の総額を予想し、労働分配率の範囲で人件費総額をコントロールしながら、昇給や採用を決めるのに役に立ちます。具体的には、第5章の短期的意思決定で説明します。

3-13　限界利益と人件費の関係

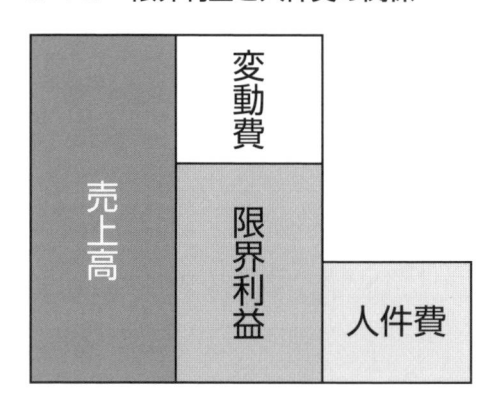

$$\frac{人件費}{限界利益} \Rightarrow 労働分配率$$

50％前後が標準的な割合

どう分配するかは、経営者の重要な決定事項である

⑤労働生産性と１人当たり人件費

　労働生産性は、１人当たり限界利益（付加価値）のことで、限界利益を従業員数で割って求めます。**労働生産性が、大きく伸びている企業では、従業員が付加価値を生み出すのに貢献している**と推測されます。

　労働生産性に労働分配率を乗じれば、１人当たりの人件費が求められます。スーパー銭湯で考えると、労働生産性1,278万円×労働分配率36.7％で、１人当たり人件費469万円が計算できます。もちろん、人件費総額を従業員数で割って求めても同じです。

　労働生産性や１人当たり人件費を計算するときに注意すべき点があります。それは、臨時社員をどのように数えるかということです。よく使われるのは、臨時社員は、正社員の労働時間と比較して人数を調整する方法です。正社員の所定労働時間が８時間であれば、平均６時間の臨時社員は、0.75人と換算して計算するわけです。図3-11では、臨時社員は0.5人として計算しています。このように、正社員と臨時社員の人数を調整しないと、労働生産性や１人当たり人件費が小さく計算されてしまいます。臨時社員が多い企業では、このような配慮をしてください。

　公表された決算数値を使って計算するときは、臨時社員の正確な労働時間がわからないので、0.5を使います。

Question 労働分配率を下げて、優良企業を目指しながら、１人当たり人件費をアップするにはどうしたらいいでしょうか。

　労働生産性を伸ばしながら、その伸び率の範囲内で、１人当たり人件費をアップしていけば、労働分配率は下がります。このように、労働生産性と１人当たり人件費を使った業績管理を進めることをお勧めします。

3-14　労働分配率を決定する２つの要素

$$\frac{1人当たり人件費（労働生産性より低い伸び）}{労働生産性（１人当たりの限界利益（付加価値））} = 労働分配率$$

3-4

業種別の付加価値（限界利益）の違いを理解しよう
➡ 製造業、流通業（小売、卸）の特徴は？

POINT 限界利益率は、業種別の経営の本質を示している

　これまで勉強してきた限界利益率は、業種やビジネスの構造の違いをよく表わします。ここでは、業種ごとにどのような違いがあるかを見ていきましょう。

■製造業は、固定費をかけて付加価値を高める

　製造業の売上総利益率の平均値は、日経経営指標やTKC経営指標で見ると20％前後です。

　製造業の売上原価は、3つの原価（原価の3要素）に分類することができます。3つの原価とは、**材料費、労務費、経費**です。労務費は工場部門で発生した人件費です。製造経費は外注加工費、光熱費、減価償却費などの工場で発生した諸費用です。

　モノ作りの現場（工場）で発生した3つの原価を集計して、**製造原価**が計算されます（17ページ図1-2参照）。その製造原価のうち販売されたものが製品売上原価で、残りは在庫（製品や仕掛品）となります。

　製造業では、工場部門で発生する製造原価が費用の大部分を占めるため、費用に占める製品売上原価の割合も大きくなり、**相対的に販売費・一般管理費の割合が小さくなる傾向があります**。製造業の売上総利益率が20％になるのは、販売価格の80％は工場で発生した費用（製造原価）が占めていることを示しています。また、販売費・一般管理費を販売価格の20％以内に抑えないと利益が生まれないことも意味します。

　次に製造業の限界利益率を考えてみましょう。売上総利益率より大きいでしょうか、小さいでしょうか。図3-15の左側は、一般的な製造業の損益計算書の内容を示したものです。売上高が10,000で、費用総額は製品売上原価（8,000）と販売費・一般管理費（1,500 = 輸送費等300 + そ

の他販管費1,200）の合計9,500をマイナスして営業利益500となっています。売上総利益率は20％です。

製造業の代表的な変動費は、製品売上原価に含まれる材料費、外注加工費と、物流に関連する輸送費（販売費・一般管理費）などの変動費が考えられます。それ以外を固定費とすると、図3-15の右側のような変動損益計算書を作成することができます。

変動損益計算書では限界利益率45％（4,500）に注目してください。製造業では、製品売上原価の中に労務費や減価償却費（その他経費）などの固定費が含まれています。固定費は限界利益を算出する際に差し引かないので、**限界利益のほうが売上総利益より大きくなります。**

すなわち、製造業は、材料を加工し製品化します。加工することで付加価値が生まれるので、製造業の付加価値率（限界利益率）が大きいのは当然と言えば当然です。限界利益率のほうが、製造業の活動の本質を示しています。

現実を見ていくと、外注加工費（変動費）を活用している製造業が多く見られます。このような傾向は、固定費をかけて付加価値を高める製造業の本質に反し、本来の企業の力を失うことになりかねません。このような方針の見直しを必要とする企業も少なくないと思います。

3-15　製造業の変動損益計算書

一般的な損益計算書	
売上高	10,000
製品売上原価	8,000
材料費	4,000
労務費	1,000
外注加工費	1,200
その他経費	1,800
売上総利益	2,000
輸送費等	300
その他販管費	1,200
営業利益	500

変動損益計算書	
売上高	10,000
変動費	5,500
・材料費	4,000
・外注加工費	1,200
・輸送費等	300
限界利益	4,500
固定費合計	4,000
・労務費	1,000
・その他経費	1,800
・その他販管費	1,200
営業利益	500

売上総利益率20％　＜　限界利益率45％

■小売業は、販売費・一般管理費に投資して付加価値を生む

　製造業の売上総利益率20％に対して、小売業の売上総利益率は30％前後です。小売業のほうが10ポイント程度上回っています。この差は、何を意味しているでしょうか。

　小売業は販売業なので、販売現場で費用を使うことで、付加価値を生み出す業種です。メーカーや卸から仕入れた商品を右から左に流すだけでは、付加価値は生まれません。**販売費・一般管理費をいかにうまく使うかが、付加価値を生み出すポイント**です。

　一般的に小売業の付加価値も、売上総利益で見ることが多いのですが、それでいいのでしょうか。

　たとえば、アパレルや家電小売業では、販売員が商品説明などの接客をうまく行なうことで、付加価値を生み出します。そのために販売員には教育訓練をし、給与もしっかり払います。コンビニやスーパーでは、１日に何度も店舗に配送する（発送配達費）ことで、品物の欠品をなくし、顧客に便宜を図ることが店の強みになります。目玉商品を訴求するチラシをまいて広告し（広告費）、顧客の来店を促し、ついでに粗利益率の大きい商品を買ってもらう（ついで買いを誘う）ことで、付加価値率を高める方法もあります。

　販売不振に小売業が陥ると、売上総利益も売上総利益率も低下し、販売費を削減して、営業利益を確保しようとすることがあります。しかし、小売業では、販売費・一般管理費に投資しないと、付加価値が生まれないので、時間とともにどんどん、売上高も売上総利益も縮小していく負のサイクルに陥っていきます。

■小売業の付加価値率は、意外と小さい

　経営指標で、小売業の平均的な売上総利益率が30％になっているということは、売上高の30％以内に販売費・一般管理費を抑えないと営業利益を黒字化できないことを意味します。

　販売費・一般管理費の中には売上高と連動する変動費が含まれています。すべての変動費を除いたものが付加価値（限界利益）ですから、**小売業では、売上総利益より付加価値は小さくなります**。

　図3-16の左側は、小売業の一般的な損益計算書です。費用総額は商品売上原価（7,000）と販売費・一般管理費（2,500＝輸送費等300＋その

他販売管理費2,200)の合計9,500を控除して営業利益500となっています。商品売上原価7,000が費用の大部分を占めていますが、小売業では、商品売上原価7,000では付加価値を生めません。販売費・一般管理費のうち変動費を除いた固定費をいかにうまく使うかが、付加価値を生み出すポイントです。

　小売業の変動損益計算書は、図3-16の右側のようになります。商品売上原価は変動費です。販売費・一般管理費の中でも、店舗までの配送費、包装紙などの消耗品費が変動費になります。これらを控除して付加価値である限界利益が明らかになります。限界利益率は27％で、売上総利益率30％より小さくなります。これが小売業の現実です。

3-16　小売業の変動損益計算書

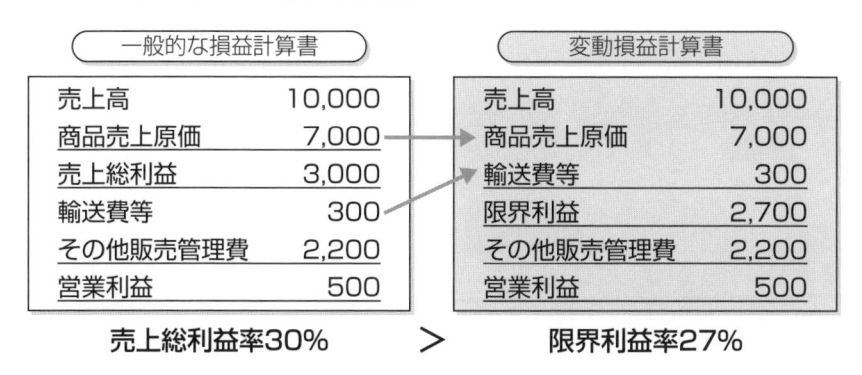

一般的な損益計算書		変動損益計算書	
売上高	10,000	売上高	10,000
商品売上原価	7,000	商品売上原価	7,000
売上総利益	3,000	輸送費等	300
輸送費等	300	限界利益	2,700
その他販売管理費	2,200	その他販売管理費	2,200
営業利益	500	営業利益	500

売上総利益率30％　＞　限界利益率27％

　顧客にポイントを発行して、**ポイント販促費**を膨らませる小売業では、変動費が増加し、さらに限界利益率は低下しているでしょう。15％還元セールを行なえば、売上高の15％が変動費になるため、限界利益率は、最大で27％から12％（27％－15％）に下がることを意味しています。結果として損益分岐点の売上高は、どんどんアップします。

■小売業と同様の構造の卸売業

　卸売業では、平均的な売上総利益率は18％程度ですが、輸送費や消耗品費が売上高の3％程度とすれば、限界利益率は15％程度に下がることになります。

　「限界利益率が小さいので、固定費をかけられない」ということが、

現場感覚ですね。しかし、卸売業は、固定費をかける業種ではないので、限界利益率が低くなると分析するほうが本質的です。

逆に考えれば、固定費をかける卸売業であれば、限界利益率は、平均より高くなるということです。たとえば、小売業に対して、PB（プライベートブランド）商品を企画提案したり、小売業に進出して消費者情報を集め、卸業務に活用したり、販売方法をアドバイスするなどコンサルティング機能を強化することで付加価値率を高めるのです。

これらは、規模拡大によるコストダウン以外の中間流通の存在意義を模索する卸売業の経営課題であり、この分野に固定費をかけることによって、付加価値を高めることができるでしょう。

■連結データでは付加価値分析が難しい

連結決算を中心に決算情報を発表する上場企業の分析をするときに、注意すべき点があります。単体決算で開示される売上原価の明細（材料費、労務費、経費）が、連結データでは開示されません。そのため、連結データでは、変動費、固定費の分類ができず、限界利益率をはじめとする付加価値分析ができません。特に製造業、ソフト開発業、サービス業など、売上原価の中に人件費、減価償却費などが含まれる業種では分析が困難です。

また、連結データは、いろいろな業種、業態が混在しているので、連結データで限界利益率が計算できたとしても、そのデータはグループ全体の平均値になり、特徴が見えにくくなります。

変動損益計算書は、付加価値を生み出す事業単位で作成して分析することで、有用性が発揮できるので、公開データではなく内部データを使った詳細な分析、すなわち管理会計に適しています。しかし、外部から企業分析をする投資家からすれば、連結決算データの内容として、事業区分ごとに、売上原価と販売費・一般管理費の明細も、開示されることが望まれます。

3-5

営業所管理で活用できる変動損益計算書
→ 固定費、変動費の分類を工夫して業績管理に活用する

POINT
①管理可能性に注目して、固定費を分類する
②利益を区分し、責任者が目標とする利益を明確にする
③2期比較変動損益計算書で、業績管理を実践する

さて、実際に変動損益計算書を経営に使ってみましょう。

ここでは、営業現場で、業績管理に使う2期比較変動損益計算書の見方を紹介します。

■管理可能かどうかで、固定費を分類しよう

下図は、日本アパレル販売(紳士服販売を中心にした小売業)の東京営業所の2期比較変動損益計算書です。

3-17　日本アパレル販売東京営業所の変動損益計算書

(単位:万円)

		当期	構成比①	前期	構成比②	前年比	差異
		(1)		(2)		(1)÷(2)	(1)−(2)
①	売上高	43,000	100.0%	40,000	100.0%	107.5%	3,000
②	変動費	27,000	62.8%	26,000	65.0%	103.8%	1,000
③	限界利益 ①−②	16,000	37.2%	14,000	35.0%	114.3%	2,000
	(限界利益率)	37.2%	−	35.0%	−	−	2.2%
	人件費	7,500	17.4%	6,800	17.0%	110.3%	700
	(労働分配率)	46.9%	−	48.6%	−	−	▲1.7%
	その他固定費	1,500	3.5%	1,450	3.6%	103.4%	50
④	管理可能個別固定費	9,000	20.9%	8,250	20.6%	109.1%	750
⑤	管理可能利益 ③−④	7,000	16.3%	5,750	14.4%	121.7%	1,250
	減価償却費・リース料	1,800	4.2%	1,000	2.5%	180.0%	800
	地代家賃	3,000	7.0%	2,500	6.3%	120.0%	500
⑥	管理不能個別固定費	4,800	11.2%	3,500	8.8%	137.1%	1,300
⑦	営業所利益 ⑤−⑥	2,200	5.1%	2,250	5.6%	97.8%	▲50
⑧	共通固定費(配賦額)	2,000	4.7%	1,800	4.5%	111.1%	200
	営業利益 ⑦−⑧	200	0.5%	450	1.1%	44.4%	▲250
	従業員数	15名		14名			

(注) ➡ は利益

第3章 変動損益計算書の活用法

まず固定費の分類に注目してください。

固定費は、東京営業所で個別に発生している固定費（**個別固定費**）と本社で発生している間接経費（**共通固定費**）に分類します。さらに、個別固定費は、東京営業所の責任者（田中所長）がある程度コントロールできる費用を**管理可能個別固定費**、発生額をコントロールできないような費用を**管理不能個別固定費**として分類しています。

管理可能個別固定費には、1年間の予算期間で発生額をコントロールできる、交通費、広告費、交際費、消耗品費などが含まれます。

人件費については、残業代、パート代などは管理可能ですが、基本給部分は本社で決まるので管理不能、という2面性を持っています。しかし、人の動きは所長に責任があるので、管理可能個別固定費に分類して、責任を持ってもらうこともできます（この例でもそうします）。

管理不能個別固定費の代表は、減価償却費、リース料、地代家賃のような**設備費**です。営業所で使う固定資産や家賃は本社の戦略によって決まり発生する費用で、田中所長は発生額をコントロールできません。

■ 利益の区分に注目しよう

103ページ図3-17を見てください。売上高から変動費を控除した限界利益まで（①～③）は、これまでの変動損益計算書と同じです。実際には、①～③については、商品やサービスのカテゴリー別に細かくデータを把握する必要がありますが、ここでは省略しています。

限界利益から管理可能個別固定費を引いて、**管理可能利益**を求めます。管理可能利益は、田中所長が管理可能な利益という意味で、日々の営業活動で達成責任がある利益です。

管理可能利益から管理不能個別固定費を引いた営業所利益も、所長は大いに意識する必要があります。設備費などの管理不能個別固定費を回収できるような販売実績を上げなければならない責任があるからです。

しかし、管理不能個別固定費は、立地戦略などの本社の意思決定が影響しています。所長の意思決定の結果で発生している固定費ではないの

で、営業所利益は、所長の上司であるエリア長や本部の営業部長などが注意して見ておくべき利益です。

設備投資や出店場所によって、営業所利益は大きく影響されます。営業所利益は、設備投資や出店場所が適正かどうかの判断材料にもなりますので、経営上の問題を提起する利益と言えるでしょう。

そこで人事の点から見れば、**管理可能利益は、田中所長の実績評価のための利益で、営業所利益は、エリア長や本部長の実績評価のための利益**であると言えるのです。現実にはこれらの利益と人事評価をどのように連動させるかが課題となります。

本部の共通固定費の一部を負担して、東京営業所の営業利益が算出されます。**営業利益**は、その会社で決められた共通固定費の配賦基準（どこにどれだけ負担してもらうのか）によって大きく動く可能性があります（しかし、共通固定費を配賦した後の営業利益を、営業所の評価に使うときは、問題が残ります。この点については、第４章「活動基準原価計算（ＡＢＣ）の考え方」で説明する、間接費の配賦計算の考え方などを参照してください）。

最後は、各種利益のほか、構成比、前年比、前年との差額を表示して、**部門別業績管理のための変動損益計算書**ができあがります。

■２期比較の変動損益計算書の見方

２期比較変動損益計算書の概要がわかったら、早速、それを分析していきましょう。

次のような流れで見ていきます。
①売上高に対する各項目の構成比を見る
②売上高の伸び率と各項目の伸びを比較する
③限界利益の伸び率と各項目の伸びを比較する

その後、商品グループ別の限界利益（率）の内容をチェックすることにします。

①売上高に対する各項目の構成比を見る

売上高を100％とした構成比を見ることで、**費用がどのくらい利益の増減に影響しているかを把握する**ことができます。また、限界利益の構

成比は限界利益率を示し、管理可能利益などその他の利益の構成比は売上高利益率を示します。営業所の業績が現在どのような項目で構成されているのかを知り、評価することができます。

　構成比を確認するときは、**前期と比べて増えたか減ったかを見た上で、その理由を考えていきます。**

　103ページの変動損益計算書で見ると、限界利益率は当期37.2％と、前期35.0％と比べて2.2ポイント改善しています。変動費比率が前期65.0％に対して、当期62.8％と低下していることが限界利益率の改善につながっていることがわかります。この原因をハッキリさせるには、商品別または商品グループ別に限界利益（率）がどのように変化したかを分析する必要があります。この点は、次の項目で説明します。

　また、管理可能利益率は16.3％で、前期14.4％に比べ増加していますが、営業所利益率5.1％と営業利益率0.5％は、前期と比較して低下しています。

　この原因をつかむには、人件費その他を含む管理可能個別固定費、設備費を含む管理不能個別固定費がどのように変化するのかを見ていく必要があります。たとえば、今回の例のように管理可能利益と管理不能個別固定費が増えているのであれば、その原因として、店舗への設備投資が効果を上げていると推測できます。しかし、営業所利益は減っていますから、「店舗への設備投資によって集客効果が現われ、管理可能利益率は改善したが、減価償却費の増加分をまかなえず、営業所利益率が減少した」などと分析できます。

②売上高の伸び率と各項目の伸びを比較する

　2期比較変動損益計算書を見るときのコツは、売上高の伸び率より大きくなっている項目に注目することです。

　まず、限界利益が前期に対して114.3％伸びて、よい傾向です。その原因は、売上高の伸び率に対して、変動費の伸びが103.8％と相対的に低かったことです。仕入原価の削減効果が出ている状態です。

　このほか売上高の伸び率より高い伸びを示している項目として、人件

費110.3％が目立ちます。ここからは、人員が増えている、残業が増えているなどのことが推測できます。事例の日本アパレル販売では、人員を14名から15名に1名増員したので、それが一因とわかります。

減価償却費・リース料は、前年比180％と大きく伸びています。何か大きな投資をしたことがわかります。地代家賃も120％アップしています。この2つの数字から、どこか土地の価格が高いところに新たな拠点を設けたのではないかと推測できます。日本アパレル販売の場合は、当期に店を都心部に移し、店舗を大幅にリニューアルしたようです。人員増もそのためだとわかります。このため、管理不能個別固定費が、前期比137.1％と大きく増加しています。

③限界利益の伸び率と各項目の伸びを比較する

売上高の伸び率と比較したら、次は**限界利益の伸び率114.3％と各項目の伸び率を比較**して、よく観察しましょう。こちらも、限界利益の伸び率よりも大きく伸びている固定費に注目してください。

限界利益の伸び率114.3％に対して、管理可能利益が121.7％伸びています。これは営業の主な必要経費である人件費やその他の管理可能個別固定費が、限界利益を生み出すのに貢献していることが推測できます。

さらに限界利益の伸び率より人件費の伸び率が小さくなっているため、労働分配率が48.6％から46.9％と1.7ポイント低下しています。これは、限界利益が、人件費の支払に回らず、管理可能利益に回っている（分配されている）ことを意味し、結果として121.7％という伸びにつながっています。

また、減価償却費・リース料180％と地代家賃120％の伸びが目立ちます。これらの設備費も、小売業にとって限界利益を生み出す源泉ですから、限界利益の伸びは、こうした設備費の伸びより大きくなることが理想です。

しかし、限界利益の伸びは114.3％と比較的大きいのですが、設備費を上回ることはできませんでした。そのため営業所利益が、前期比97.8％と低下しています。これは設備投資計画に問題があったか、投資効果が次期以降に現われるか、いずれかの可能性を示唆しています。

■商品グループ別の限界利益（率）の内容をチェックする

　図3-18は、前期と当期の商品グループ別の売上高と限界利益を示しています。これは、変動損益計算書の付表として作成します。

3-18　商品グループ別の実績

	PB商品	仕入商品	雑貨小物	
前期	A商品	B商品	C商品	合計
売上構成比	20.0%	60.0%	20.0%	100.0%
売上高	8,000	24,000	8,000	40,000
△変動費	4,000	15,600	6,400	26,000
限界利益	4,000	8,400	1,600	14,000
限界利益構成比	28.6%	60.0%	11.4%	100.0%
限界利益率	50.0%	35.0%	20.0%	35.0%

当期	A商品	B商品	C商品	合計
売上構成比	30.0%	50.0%	20.0%	100.0%
売上高	12,900	21,500	8,600	43,000
△変動費	6,450	14,620	5,930	27,000
限界利益	6,450	6,880	2,670	16,000
限界利益構成比	40.3%	43.0%	16.7%	100.0%
限界利益率	50.0%	32.0%	31.0%	37.2%
限界利益伸び率	161.3%	81.9%	166.9%	114.3%
限界利益増減	2,450	▲1,520	1,070	2,000

　図3-18では、日本アパレルの商品グループを、3つのカテゴリーに分類しました。A商品はPB（プライベートブランド）商品、B商品は通常の仕入商品、C商品はアクセサリーなどの雑貨小物です。

　このケースでは、限界利益率が同じような商品をグループ化しています。**PB商品**は流通業が自主企画した商品であり、外注加工費などの変動費が少ないので限界利益率が高くなります。次にB商品、C商品と続きます。特にC商品の限界利益率は、商品によってバラツキがあり、何が売れたかによって大きく変化します。

　図3-18の合計額で、日本アパレルの限界利益率が35％から37.2％へ2.2ポイントよくなった理由も、この図から読むことができます。

ポイントは、**売上構成比と限界利益構成比の変化**です。前期と当期で比較してみてください。限界利益率が50％と大きいA商品の売上構成比が、20％から30％にアップしています。C商品の売上構成比は、20％と変化がありませんが、限界利益率は、20％から31％へアップしています。B商品の売上構成比は、60％から50％に下がり、限界利益率が35％から32％に下がっています。

ここに販売戦略の変更が見てとれます。

日本アパレルでは、仕入商品（B商品）を減らし、PB商品（A商品）の販売を強化するため、当期に売り場を拡張しました。その結果、減価償却費やリース料などの固定費（管理不能個別固定費）が増加したのです。

そして、PB商品の広告宣伝費と接客（人件費）を強化することで、PB商品とコーディネートのための雑貨小物（C商品）の販売が伸びて、A商品とC商品の限界利益が増加しました。図3-18を見ると、限界利益は、PB商品で2,450万円（6,450万円－4,000万円）、雑貨小物で1,070万円（2,670万円－1,600万円）も増加しています。その増加で、B商品の減少分▲1,520万円（6,880万円－8,400万円）を吸収し、全社で2,000万円（16,000万円－14,000万円）の限界利益が増加しました。

しかし、固定費が総額2,250万円（103ページ図3-17の管理可能個別固定費、管理不能個別固定費、共通固定費の合計）増加したので、限界利益の増加分2,000万円がなくなり、営業利益は、250万円減の200万円（図3-17）となったのです。次期には、設備投資による固定費増加を吸収できる、さらなる限界利益アップ策が必要ですね。

■限界利益を図表化する

前期と当期の商品グループ別の限界利益（率）を図表化した限界利益図表が、次ページ図3-19、図3-20です。これは、**商品グループ別の利益貢献度の見える化**に役に立ちます。**多品種限界利益図表**と呼ばれることもあります。

売上高（X軸）の「％」の付いた数字は、商品グループごとの売上構成比を示し、限界利益（Y軸）の「％」の付いた数字は、限界利益の構

成比を示します。X軸とY軸が交わる点を結ぶと、限界利益図表が作れます。

2期分を比べると、PB商品（A商品）の限界利益（Y軸）が大きく伸びて、当期は固定費の半分弱をカバーしていることが見えます。

なお三角形の傾きは各商品グループの限界利益率を示し、原点からC商品へ伸びた線の傾きは日本アパレル全社の限界利益率を示します。

3-19　前期の商品グループ別限界利益図表

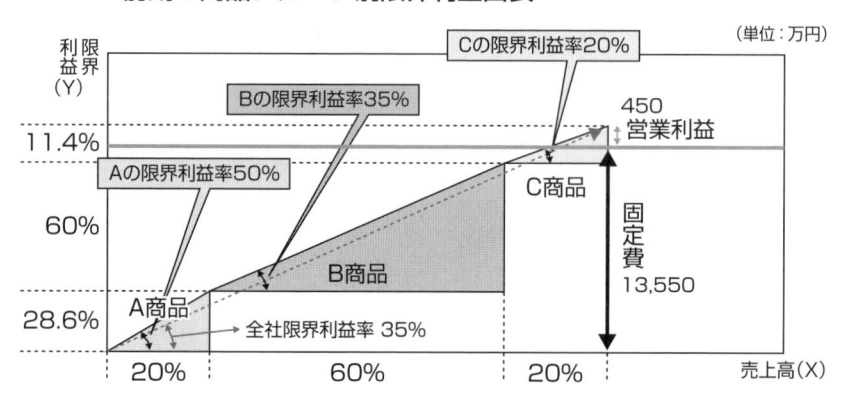

（単位：万円）

- Cの限界利益率20%
- Bの限界利益率35%
- Aの限界利益率50%
- 営業利益 450
- 固定費 13,550
- 全社限界利益率 35%
- 利益率軸：11.4%、28.6%、60%
- 売上高構成比：20%、60%、20%

3-20　当期の商品グループ別限界利益図表

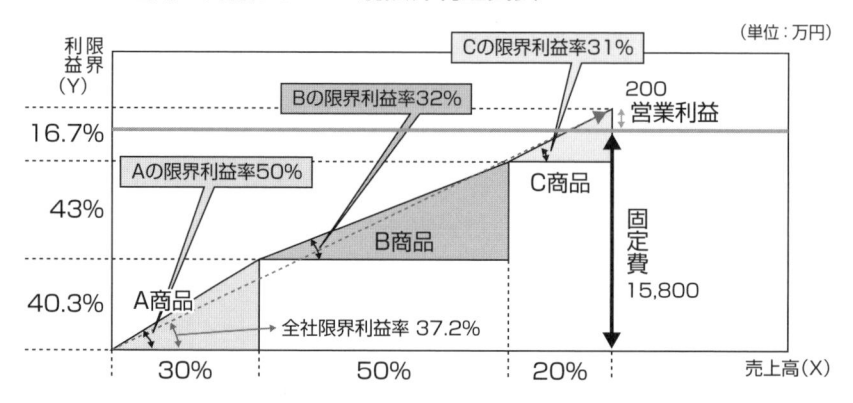

（単位：万円）

- Cの限界利益率31%
- Bの限界利益率32%
- Aの限界利益率50%
- 営業利益 200
- 固定費 15,800
- 全社限界利益率 37.2%
- 利益率軸：16.7%、43%、40.3%
- 売上高構成比：30%、50%、20%

■利益を生んだ日数は何日か

図3-21は、変動損益計算書から、分析に必要な数字をピックアップしたものです。変動損益計算書を作ることによって得られるこれらの指標

は、必ずチェックしましょう。

3-21　業績管理のための変動損益計算書

日本アパレル販売　東京営業所の変動損益計算書　　　　　（単位：万円）

	当期	構成比①	前期	構成比②	前年比	差異
損益分岐点売上高(万円)	37,088	86.3%	33,571	83.9%	110.5%	3,516
損益分岐点比率(%)	86.3%	—	83.9%	—	—	2.3%
経営安全額(万円)	5,913	13.8%	6,429	16.1%	92.0%	▲516
経営安全率(%)	13.8%	—	16.1%	—	—	▲2.3%

（注）損益分岐点の計算は、営業所利益ベースで計算しています

　103ページ図3-17の変動損益計算書では、限界利益率は、2.2ポイントも改善しているのに、固定費の伸びが大きいため、損益分岐点売上高が前年比で110.5％アップしています。その結果、損益分岐点比率は、前期83.9％が、当期86.3％に悪化しています。経営安全率も、16.1％から13.8％に悪化しています。

経営安全率を使うと、利益を稼いだ日数を算出することができます。
　つまり、1日から営業活動をはじめて、日々売上が上がり、いつかの時点でその金額が損益分岐点を超えます。それ以降に稼いだ売上は経営安全額となるわけです。ですから、稼動日数に経営安全率を掛けると、すぐ計算できます。

　たとえば、年間営業日数が250日として、そのうち、利益を稼いだ日数は何日でしょうか。
　前期は、40.25日（250日×16.1％）で利益を稼いでいました。これに対して、当期は、34.5日（250日×13.8％）で利益を稼いでいます。差は、5.75日です。

Question 5.75日は何を意味しているでしょうか？

　この数字は、当期において、5.75日（40.25日－34.5日）だけ**利益を稼ぐ機会を失った**ことを示しています。
　当期の限界利益が1億6,000万円ですから、1日当たり64万円（16,000

万円÷250日）の限界利益を稼いでいます。5.75日あれば、当期は368万円（5.75日×64万円）の営業所利益を上乗せできたはずです。それに加え、固定費の増加がこれを侵食したのです。

　一般的な考え方で整理しましょう。

　経営安全率が10％ならば、稼働日数の10％の時間で利益を上げていることになります。1か月30日とすると、3日間（30日×10％）で利益を稼いでいることになります。経営安全率が15％にアップすると、4.5日（30日×15％）なので、1.5日利益を稼ぐ日数が増えるのです。期末の追い込みのときには、営業に余裕が生まれ、ミスやトラブルも防げるでしょう。

第 **4** 章

原価管理のポイントを理解しよう

管理会計は、製造業の原価計算を中心に発展してきました。原価について理解することは、管理会計を理解するために必要です。基本的な原価管理と、その発展型を紹介します。

4-1

原価計算と原価の関係を理解しよう
➡製品原価の集計だけではない原価計算の広さを知ろう

POINT
①原価計算は、製品原価を計算するだけではない。会議費、物流費などの業務原価の把握もその役割である
②原価計算は、戦略的意思決定など将来の採算分析という分野を含んでいる

■経営目標を達成するための情報提供をする原価計算

　一般的に原価計算と言うと、製造業において製品を作るのにいくら費用がかかったかを計算することを意味します。いわゆる製品の**製造原価**を計算することです。

　しかし、製造業だけが原価計算を行なうわけではありません。ソフトウェア開発会社では、開発ソフトの原価計算を行なって、**ソフトウェア原価**を計算します。建設会社では、ビルや住宅ごとに原価計算を行なって、**建設原価**を計算します。

　最近では、上記のような原価計算ではなく、営業、人事総務、物流などの分野でも、原価計算を行なうようになっています。

　たとえば、会社で行なっている会議の原価計算をして、**会議費**を把握し、無駄な会議の実態をあきらかにして会議の効率化をはかったり、物流に要する費用を集計して**物流費**を明確にし、効率的な物流方法を考えたりする場合にも使います。新市場の開拓でさまざまな活動を行なうときに、そこに要した費用を集計して**市場開拓費**を把握するケースでも、原価計算は必要になります。いわゆる**プロジェクト原価**です。

　このように原価計算を広くとらえれば、**原価計算**とは、「日々の経営活動を行なうことで発生する製品、サービス、業務などに要した費用を集計・管理し、経営目標を達成するために必要な情報提供を行なう手法である」と定義することができます。

■ある目的で集計された「原価」と、単なる「費用」の違い

　原価と費用はどのような違いがあるでしょうか。原価計算の定義で説明したように、製品、サービス、業務など、**何かの目的ごとにまとめた対象について、それぞれで集計される費用が原価**です。このような対象がない場合は、費用であっても、原価ではありません。

　たとえば、製造業では、その集計対象は製品であり、工場で発生した費用を集計して、製品の製造原価を計算します。しかし、営業所や本社で発生した費用（販売費・一般管理費）は、製造原価には集計されません。よって、製品の製造原価の計算においては、販売費・一般管理費は原価ではありません。

■販売費・一般管理費も取り入れて考える「総原価」

　しかし、販売費・一般管理費も原価になるケースがあります。

　1つは、**総原価**という考え方を取り入れた場合です（次ページ図4-1）。この考え方は、販売価格の決定において、製造原価だけではなく、販売費・一般管理費を考慮します。

　総原価は、**工場で発生した原価の3要素（材料費、労務費、経費）を、製品別に集計して製造原価を算出**し、そこに販売費・一般管理費を加算して求めます。販売費・一般管理費は、製品ごとに集計するのではなく、半年とか1年という期間で集計するので、**期間原価（決めた期間の原価）**と呼ばれます。

　そして、**総原価**に営業利益を加算すると売上高になります。この考え方を、製品1個当たりで考えると製品1個当たりの総原価や販売価格になります。

　総原価を計画値で集計すれば予定販売価格が推定できます。電力料金など、公共料金の決定の際に行なわれる手法（総括原価主義）です。総原価を集計対象にする場合は、販売費・一般管理費は原価なのです。

　このほか、物流費や会議費のような業務にかかわる原価を計算するときは、販売費・一般管理費が主な集計対象になります。このような場合も、販売費・一般管理費は、費用かつ原価としての性格を持つのです。

4-1 原価の種類

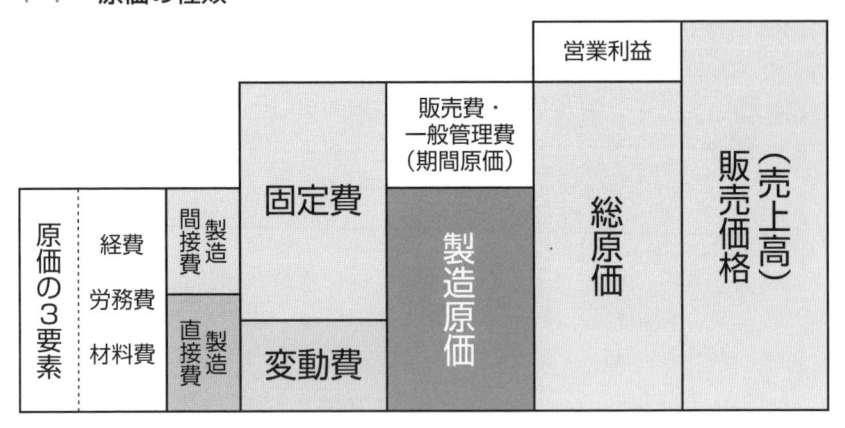

■原価の種類にはさまざまなものがある

　原価の種類を整理しておきましょう。原価計算の利用目的によって、いろいろな分類ができます。図4-1を参照しながら読んでください。

①費目別分類

　すでに損益分岐点分析などで登場した**材料費、労務費、経費**は、費目別分類です。これは原価の3要素として説明してきました。

　材料費は、物を消費することで発生する原価です。労働力の投入によって発生する原価は、労務費です。それ以外は、経費です。

　経費は、よく「必要経費」などと言われるものとは異なることに注意してください。必要経費は、「必要だから使う費用」程度の意味で使われていますが、原価計算における経費は、あくまでも原価の3要素の1つとしての位置付けです。混乱しないように**製造経費**と呼んで、必要経費と区別する場合もあります。

　経費の中には、工場の設備の減価償却費やリース料、地代家賃、水道光熱費などが含まれます。経費に属する費目で、近年増えているのが、外注加工費や業務委託費です。

②製品とのかかわり度合いでの分類

　原価は、製造直接費と製造間接費に分類されます。**製造直接費**は、直接材料費、直接労務費、直接経費に分類され、**製造間接費**は、間接材料

費、間接労務費、間接経費に、さらに分類されます。

これは、製品などの集計の対象となるものと、直接、関係があるか否かで分かれます。

たとえば、缶詰を作るときを考えてみましょう。魚と缶の仕入原価は直接材料費、缶に材料を詰める作業をする担当者の人件費は直接労務費です。一方、缶詰工場の水道光熱費や工場設備の減価償却費などは、製造間接費（間接経費）になります。もし魚の加工を外部に委託していれば、その費用は、外注加工費という直接経費になります。

③操業度（売上高、生産高など）との関連での分類

損益分岐点分析や変動損益計算書では欠くことのできない変動費、固定費は、操業度との関連で区別されます。

変動費は操業度に比例して発生し、固定費は操業度とは比例しません。固定費については、第3章で紹介したような、営業所別の変動損益計算書を作成して業績管理を行なう場合は、**個別固定費**、**共通固定費**という分類が使われます。個別固定費は、部門管理者が、発生する金額をコントロールできるかどうかで、**管理可能個別固定費**と**管理不能個別固定費**に分類できます。

④収益との対応関係に注目した分類

製造原価（工場部門で発生した原価で、製品とかかわらせて把握する原価）と**期間原価**（半期や1年間などの期間で集計する原価）に分類されます。

製品の製造原価は、販売されると売上原価になります。販売されていないものは製品として在庫になります。在庫は、販売されたときに売上原価になります。このように製品の製造原価は、売上高との関係（売れたか売れなかったか）で、売上原価になるか在庫になるかが決まります（次ページ図4-2）。

これに対して、販売費・一般管理費は、製品の売上高と明確な関係をつかみにくい原価です。売上高との個別対応ではなく、売上が上がった期間に発生した費用だと考えて、期間で対応させます。実際には、1か月、四半期などの単位でとらえることが多いです。このような考え方を

前提にしているので期間原価と呼ばれます。

　管理会計では、販売費・一般管理費でも売上高との対応関係が明らかな場合は、期間原価としないで、変動費として売上高と直接対応させ、製品別の限界利益を計算する場合があります。「この商品の販売によって、この**ポイント販促費**や**支払販売手数料**が発生した」と関連がハッキリしているケースです。このように、ケースバイケースで独自のルールを作ってよいのが、管理会計というものです。活用する人の考え方を経営管理に活かせますね。

4-2　製造原価、売上原価、在庫の関係

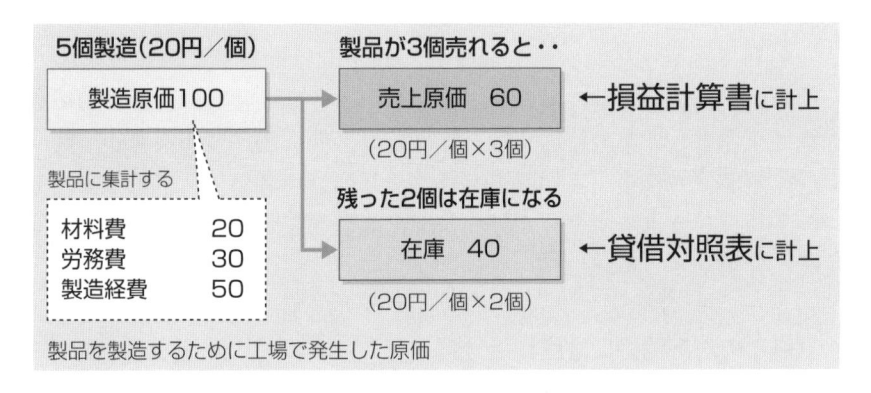

```
5個製造(20円/個)              製品が3個売れると‥
┌──────────────┐              ┌──────────────┐
│  製造原価 100  │ ───────→   │  売上原価 60   │ ← 損益計算書に計上
└──────────────┘              └──────────────┘
  製品に集計する                 (20円/個×3個)

  ┌─────────────┐             残った2個は在庫になる
  │ 材料費   20 │             ┌──────────────┐
  │ 労務費   30 │ ─────────→ │  在庫   40    │ ← 貸借対照表に計上
  │ 製造経費 50 │             └──────────────┘
  └─────────────┘              (20円/個×2個)

製品を製造するために工場で発生した原価
```

■原価にならない費用（非原価項目）

　原価計算を行なう場合に、原価としない項目があります。**非原価項目**と呼ばれるものです。それは、以下のような項目です。

①経営目的に関連しない費用

　経営活動に貢献していない遊休資産、未稼働の固定資産、投資目的で所有している不動産、有価証券などから発生する費用（減価償却費、管理費、租税公課など）。

②財務関連費用

　資金の調達によって発生する支払利息、支払割引料、株式や社債の発行費用などの財務費用。

③異常な状態を原因とする価値の減少

火災、地震などでこうむった損失、リストラによって発生した一時的・多額の退職金、経済危機などが原因で発生した多額の貸倒損失など。

以上の費用や損失は、非原価項目として、原価計算の対象からはずします。注意すべき点は、管理会計では、業績管理に役立つなら**原価の対象にするか否かは、管理会計を利用する人が決める**のが本来の姿であるということです。管理会計を考えるときは、利用目的にあった柔軟な発想が必要です。

■ 原価計算を行なう目的を整理しよう

原価計算は、経営活動を行なっていく上で利用される手法です。管理会計を理解し業績管理で活用するため、基本は理解しておきましょう。
業績管理の視点で整理すると、以下のような目的が考えられます。

①決算書の作成……当期、四半期の利益はいくらか

企業は、決算書を作成しなければなりません。**決算書を作成するときに、製品在庫や製品の売上原価を計算する必要があります**。製品の製造原価がわからなければ、これらを計算できません。利益の計算もできません。原価計算は、決算書を作成するために必要になります。

②価格決定……製品をいくらで売るか

116ページ図4-1を見てください。製品の製造原価がわからないと、販売価格も決められません。販売価格が決まらなければ、営業活動もできません。
製造業はもちろん、建設業、ソフトウェア業などでは、原価を見積もって、価格を顧客に提案します。これは事後的な原価計算ではなく、事前の原価計算です。**価格決定においては、原価の見積りが重要**です。

③原価管理……原価をどのような方法で、いくら下げられるか

原価計算の主要な目的です。**原価を把握して、その内容を分析し、さらなる原価引下げの検討データを得る**ことが目的です。

たとえば、製造原価の１つの項目である材料費の増加は、製造原価をアップさせます。材料費は、材料単価×消費量で計算できます。材料費のアップがあった場合、材料単価がアップしたのか、消費量がアップしたのかという要素に分けて考えれば、材料費アップの原因がより具体的になり、対策を練ることも容易になります。

　また、製品１個当たりの単価や消費量の標準的な数値を決めておいて、製品の製造原価を計算し、実際の消費単価や消費量を事後的に計算して、その差を分析する**標準原価計算**や**見積原価計算**は、原価管理の代表的な手法です。

④利益管理……変動損益計算書を活用する

　第２章、第３章では、損益分岐点分析、必要売上高の算定、セールスミックス（コーヒーとケーキセットの組み合わせ販売）による販売計画の策定、変動損益計算書など、利益管理のための手法を紹介してきました。その中心は、変動損益計算書でした。製品の製造原価を変動費と固定費に分類して、変動費だけで製品の製造原価を計算する手法を、直接原価計算と言います。**変動損益計算書は、直接原価計算による損益計算書を発展させた業績管理のためのツール**なのです。

⑤短期的意思決定に必要な情報提供……原価割れの受注を受けるべきか、時給はいくらにすべきか

　次期利益資金計画（予算編成）を行なう際には、いろいろなことを決める必要があります。製造原価を下回る受注を受けるべきか、時給をいくらにすべきか、値下げが可能か、などです。このような短期的な意思決定に必要な基礎データを提供するのも、原価計算の目的です。１年以内の計画に反映される情報が中心なので、短期的という呼び方をしています。管理会計の面白さを感じる分野です。

⑥戦略的意思決定に必要な情報……投資計画の採算

　工場建設や店舗の出店計画などの戦略的な投資を決めるときに行なわれる計算です。このような戦略投資は、**投資回収までに５～10年必要なケースも多く、長期間にわたる予想とシミュレーションが必要**になります。長期の予想では、フリーキャッシュフローを使います。

また、M＆A（合併・買収）を行なう際に、企業価値や株主価値を算定して、買収価額を決定する際にも使われます。

中長期にわたる条件を検討し、戦略的な事項を決定するので**戦略的意思決定**と呼ばれます。

■管理会計の領域に入る原価計算

以上が、原価計算の目的です。

①決算書作成、②価格決定、③原価管理までは、原価計算のイメージに近いと感じるのではないでしょうか。

これに対して、④利益管理、⑤短期的意思決定に必要な情報提供、⑥戦略的意思決定に必要な情報提供になると、原価計算というより、本来の管理会計の目的であると言ったほうが、イメージに合うのではないでしょうか。

管理会計は、業績管理に役立てることが重要な目的なので、広い意味で原価計算の領域と重なり合っています。あえて違いを指摘すれば、決算書の作成でしょう。これは財務会計の領域に入れて、それ以外を管理会計の領域と考えてもいいでしょう。

第4章では原価計算のイメージが強い原価管理を取り上げて、管理会計に必要な原価部分をカバーします。特に本書は、管理会計の本なので、④利益管理を中心に、⑤短期的意思決定や⑥戦略的意思決定に必要な情報提供の項目を取り上げていきます。

4-2 経営の流れと原価計算の位置付け

➡ 製造業の原価計算を概観しよう

POINT 経営の流れとリンクさせて、原価計算を理解しよう

■原価計算は、費目別、部門別、製品別の３つの段階で行なう

原価計算の本来の分野である製造業の原価計算を考えてみましょう。

製品を製造・販売すると、下図のような流れで、損益計算書及び貸借対照表とつながっています。

4-3 原価の流れと決算書との関係

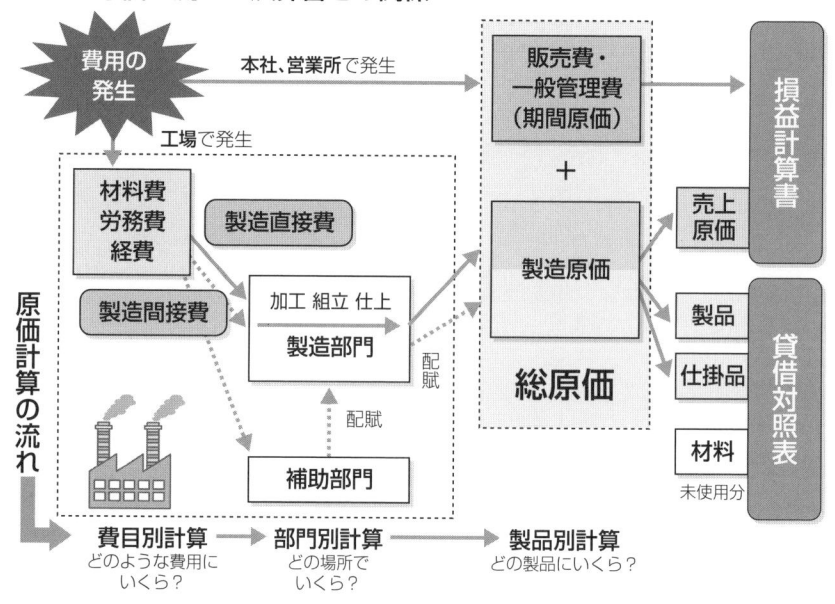

費用の発生
- 本社、営業所で発生 → 販売費・一般管理費（期間原価） → 損益計算書
- 工場で発生
  - 材料費・労務費・経費
  - 製造直接費
  - 製造間接費
  - 加工 組立 仕上 製造部門
  - 補助部門
  - 配賦
  - 製造原価
  - 総原価
  - 売上原価 → 損益計算書
  - 製品／仕掛品／材料（未使用分）→ 貸借対照表

原価計算の流れ：
- 費目別計算（どのような費用にいくら？）
- 部門別計算（どの場所でいくら？）
- 製品別計算（どの製品にいくら？）

はじめに、直接製品にはかかわらなくても、会社経営に必要な部門があります。本社や営業所で発生した費用は、販売費・一般管理費として、発生した期間の費用（期間原価）になります。

工場で発生する費用は、通常、費目別計算、部門別計算、製品別計算

という3つの集計が行なわれ、製品の製造原価が把握されます。

まず、**費目別計算**として、材料費、労務費、経費（原価の3要素）に集計されます。これらの費用は、**部門別計算**を経て最終的に製品別に集計（これを**製品別計算**と言う）し、製品の製造原価が計算されます。

■部門別計算を行なう理由

製品は、製造部門で加工・組立されるとともに、補助部門（修繕部や動力部や工場管理部など）から支援を受けています。そこで、各部門で発生したデータを把握し、部門管理者に情報を提供し、部門原価の管理を徹底する必要があります。すなわち部門別計算は、製造部門や補助部門という原価の発生場所ごとに原価を集計することです。

製造直接費は、製造の流れに沿って製造部門ごとに集計し、最終的に製品別に集計します。製造間接費は、製品との関係が不明確な費用なので、製品に直接集計（**賦課**すると言う）できません。そこで、「どの部門でどれだけの作業時間があったか」というように、作業時間などを基準にして、製造部門へ配賦し、さらに製造部門から製品に配賦されるという複雑な計算を通じて、製造原価に集計されていきます（図4-3）。

■製造原価と決算書の関係を理解しよう

できあがったものは製品として販売されます。販売すると同時に、工場では次に出荷するときのために製品を作っています。

製造原価は、売上原価（販売されたもの）と製品（在庫として残ったもの）、仕掛品（未完成のもの）に振り分けられます。

仕掛品は未完成品ですから、製品（完成品）の原価と同じ額では不合理です。したがって、仕掛品は仕掛品として原価計算をするのです。最終的に、**製品、仕掛品、未使用の材料は、在庫として貸借対照表のたな卸資産（在庫）**に掲載されます。**売上原価と販売費・一般管理費は、損益計算書**に掲載され、営業利益の増減に影響します（図4-3）。

なお、複雑な配賦計算が原価をかえってゆがめる結果となることもあります。この問題を解決するために、製造直接費だけで原価計算を行なう直接原価計算が生まれました。さらに製造間接費を発生原因から分析し、実態に即した配賦を行なう**活動基準原価計算（ABC：Activity Based Costing）**もできました。

4-3 原価計算の分類
➡原価計算の対象は何か

POINT 原価計算は、計算の目的によって、いろいろな方法がある

　原価計算は、非常に複雑で、その手法も多岐にわたっています。本書では、管理会計の基本であり、原価管理の基本として、最低限知っておいていただきたい原価計算の種類を整理しました。

　なお、これから紹介するどの原価計算においても、原則として122ページ図4-3で説明した、費目別、部門別、製品別計算を行なうことになります。

■全部原価計算と直接原価計算

　原価の3要素（材料費、労務費、経費）をすべて集計する（全部原価計算）か、一部だけを集計する（直接原価計算）かで、分類します。

①全部原価計算

　原価計算には、決算書を作成するために製造原価の情報を計算するという目的がありましたね。いわゆる財務会計へのデータ提供です。この場合は、**工場で発生したすべての原価（原価の3要素）を集計して、製品の製造原価を集計する**必要があります。このような原価計算を、**全部原価計算**と言います。簿記会計をはじめて勉強するときは、全部原価計算から入ることになります。

②直接原価計算

　管理会計では、**変動費（直接費）**だけで**製品原価を計算する**方法が使われます。これを**直接原価計算**と言います。全部原価計算に対して、**部分原価計算**というジャンルに入ります。直接原価計算はその代表です。

　第3章までに説明してきた**変動損益計算書**は、直接原価計算による損益計算書のことです。この本をはじめから読んできたみなさんは、すで

に直接原価計算は、勉強済みなのです。

■実際原価計算と予定原価計算

集計する原価が、実際に使われた原価か、予定される原価なのかで分類するケースです。実際原価と予定原価（見積原価と標準原価の2つがある）を比較することで、原価管理を行ないます。

4-4　原価計算の分類

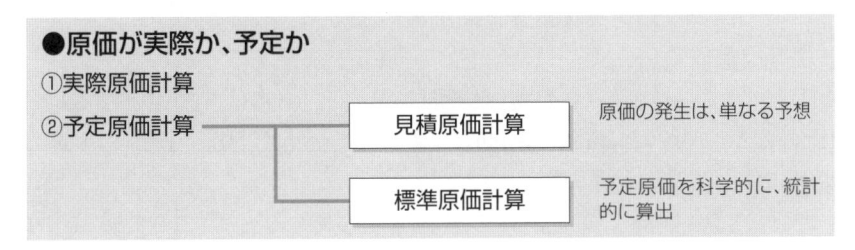

●原価が実際か、予定か
①実際原価計算
②予定原価計算 ── 見積原価計算　　原価の発生は、単なる予想
　　　　　　　　　標準原価計算　　予定原価を科学的に、統計的に算出

①実際原価計算

実際に発生した原価を使い原価計算を行なうのが**実際原価計算**です。しかし、実際原価を使うと、業績管理の面から問題が起こります。

1つは、実際原価を集計するのは**時間がかかるため、業績管理に使えない**ということです。たとえば、昨年12月の業績が翌年2月末に判明して、3月の決算対策の営業会議をやっても、実際原価計算の場合、1月、2月のデータがないので、営業会議は有効に機能しません。

2つ目の問題は、実際原価で問題点を検討すると、**前月や前年のデータと比較して、多い少ないという議論しかできない**ことです。それでもやらないよりはマシですが、本来であれば「製品を作るために、原価はこの程度であるべきだ」という目安となる原価（これを**原価標準**と呼ぶ）が必要です。原価標準があれば、標準的な原価との差異を分析して、実際原価の良し悪しを判断することができます。本来あるべき数字と比較するからこそ、本質的な経営改善が可能になります。

給与が昨年より増えたと喜ぶのか、給与は本来いくらであるべきだという標準値を知って、給与が増えてももっと努力しないとまだまだ低いと考えるか、前者は実際原価の考え方で、後者は標準原価の考え方です。どちらが本来あるべき姿かは、わかりますね。

②予定原価計算

　実際原価に対する用語は、予定原価です。予定原価には、見積原価と標準原価があります。**見積原価**は、どの程度の原価が発生するかを予想した値で、**標準原価**は、こうあるべきだという原価です。**原価管理には、科学的な根拠に基づいて決定した標準原価を使うほうが差異分析**（実際と計画の数字を比較してその原因を分析すること）**を理論的に行なうことができます。**

　以下、標準原価計算を前提に話を進めます。
　標準原価計算は、実際原価計算の問題点を解決するために考え出された手法です。材料費、労務費、経費について、あるべき標準となる原価（原価標準）を、科学的、統計的に調査して決めておき、実際の生産量に応じて、製品原価を計算する方法です。
　たとえば、製品1個当たりの原価標準が5円のとき、1,000個の生産をすると5,000円の原価が発生したことがわかります。この5,000円が標準原価です（この標準原価5,000円を使えば、実際原価が決まる前に製品原価を把握でき、月次損益の業績も早めに把握できます）。
　その後、実際原価が5,500円だとわかれば、500円だけ原価がアップしていることがわかります。そして原因を追及します。原価標準が本来あるべき基準なので、差を生んでいる原因を解明することで、経営改善につながるのです。
　標準原価は、科学的、統計的に調査して決める必要があります。入札などで原価を見積もること（見積原価）とはまったく異なるのです。標準原価は、原価管理者を納得させるだけのシッカリとした手順を踏んで設定することが必要です。予想としての見積原価を使った原価計算は、見積原価計算と呼んで、標準原価計算と区別します。
　なお、原価標準と標準原価は、意味が異なっている点に注意してください。原価標準とは、製品1個当たりの本来あるべき原価です。標準原価は、原価標準に実際の数量を乗じて計算した原価の総額です。

■総合原価計算と個別原価計算

　総合原価計算と個別原価計算という区分は、製品を生産するときの生産形態の違いから分類されるものです。

4-5　原価計算の分類

●連続大量生産か、個別受注生産か

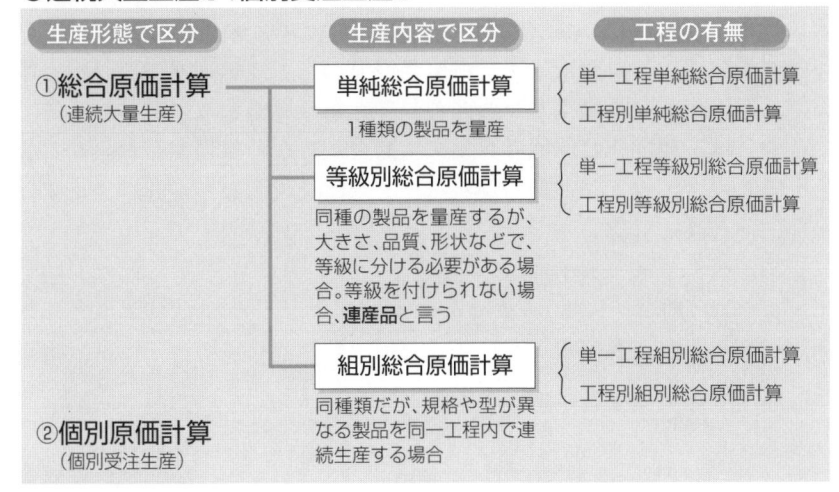

生産形態で区分	生産内容で区分	工程の有無
①総合原価計算 （連続大量生産）	**単純総合原価計算** 1種類の製品を量産	単一工程単純総合原価計算 工程別単純総合原価計算
	等級別総合原価計算 同種の製品を量産するが、大きさ、品質、形状などで、等級に分ける必要がある場合。等級を付けられない場合、**連産品**と言う	単一工程等級別総合原価計算 工程別等級別総合原価計算
	組別総合原価計算 同種類だが、規格や型が異なる製品を同一工程内で連続生産する場合	単一工程組別総合原価計算 工程別組別総合原価計算
②個別原価計算 （個別受注生産）		

①総合原価計算

　総合原価計算は、**規格品を連続的に量産する工場で使われる原価計算**の方法です。石油、化学、自動車、機械、精密機器、電機、薬品など多くの業界に適用されています。

　総合原価計算は、計算方法の違いで3つに分類されます。

　1つは、**単純総合原価計算**です。1種類の製品を連続的に量産する場合に使われる計算方法です。単純総合原価計算は、総合原価計算をするための基本になるものです。4章（4-4）で計算方法を説明します。

　2つ目は、**等級別総合原価計算**です。同種の製品を量産するが、大きさ、品質、形状などで、等級に分ける必要がある場合に適用される総合原価計算です。

　たとえば、ポロシャツなどの衣料品をS、M、Lのようにサイズ別に生産するようなケースです。この場合、同じ工程で作られた同種製品でも、生地の量が異なります。そこで、Sサイズを基準に、MサイズはSサイズ1に対して、1.1の生地が必要なので、Mサイズの材料費は、Sサイズの1.1倍、などと計算します。労務費、経費についても係数を決め、材料費と同様な計算をしてサイズ別の製造原価を計算します（なお、1や1.1のような係数を**等価係数**と言います）。

このような等級別の製品に対して、**連産品**があります。たとえば、原油が精製されると、ガソリン、ナフサ、灯油、軽油、重油などの製品が生まれます。同じ工程で、必然的に生まれ、主副の区別がつかないこれらの製品を連産品と言います。連産品の原価は、等級別原価計算の手法に準じて、正常な市価などを基準として、製造原価を按分計算します。

　3つ目は、**組別総合原価計算**です。同種類だが、規格や型が異なる製品を同じ生産工程で、並行しながら、または交代しながら連続生産する場合に使われる計算方法です。

　化学、食品、家電、自動車、機械など多くの業界で使われる方法です。自動車の生産で、同一車種のセダンとワゴンを同じラインで作って、発生した製造費用を、それぞれ組別（製品別）に分けて、製品原価を計算するような場合に使います。

　生産は、加工、組立、仕上げ、検査のようにいくつかの工程を経ます。原価を正確に把握しようとすると、工程別に原価を計算し、次の工程へ引き継ぎながら、製造工程に沿って計算していく必要があります。このように工程別に計算することを、**工程別原価計算**と呼びます。

　よって、これまであげた3つの総合原価計算は、工程別計算をするか否かで、**単一工程**か**工程別**かの2つにさらに分類されます。

②個別原価計算

　個別原価計算は、**顧客の注文に応じて製品を受注生産する企業が採用する原価計算**です。総合建設業、ハウスメーカー、造船業、プラント業、ソフトウェア業などで使われています。

　顧客管理システムを個別企業から受注した場合は、注文システムごとに原価計算をして、それぞれの原価を把握します。建設業では、建物ごとに建設原価を計算しますし、ショッピングセンターのような大規模開発のプロジェクトなら、その開発原価を計算します。

　個別原価計算の考え方は、このような業種ばかりでなく、**営業やプロジェクト管理**でも使えます。たとえば、企業内でプロジェクトごとの原価を把握し、管理することができますし、営業所ごとに変動損益計算書を作って業績管理するときも、個別原価計算の考え方を応用できるのです。

4-4

原価計算を実際に行なってみよう
➡ 総合原価計算と個別原価計算の違いを理解しよう

POINT ①総合原価計算は、規格品の原価を原価計算期間で集計する
②個別原価計算は、注文品ごとに原価を集計する

■事例で総合原価計算のポイントをつかもう

総合原価計算では、規格品を連続生産する工場の製造費用を、原価計算期間（たとえば1か月）で集計します。そしてこの原価計算期間で発生した製造費用（**総製造費用**）を把握し、完成品原価（製品原価）と未完成品原価（仕掛品原価）に配分計算します。この**配分計算の理解**が、総合原価計算においてはとても大切です。

ここでは、もっともシンプルな、単純総合原価計算の例で紹介します。なお、この例では、複雑な部門別の配賦計算は省略します。費目別計算の後、製品別計算を行なうケースと考えてください。

下記のケースで、完成品と仕掛品の原価を求めてみましょう。

A製品の製造を月初にはじめます。よって月初の仕掛品はありません。当月発生した製造費用と、完成品（製品）の数量、未完成品（仕掛品）の数量などの生産情報は、次の通りです。

●当月製造費用
直接材料費　単価 12,000 円 × 数量 300 個　　　　= 3,600,000 円
直接労務費　賃率 1,000 円 / 時 × 労働時間 750 時間 = 　750,000 円
製造間接費　　　　　　　　　　　　　　　　　　= 　 75,000 円
　　　　　　　　　合計　　　　　　　　　　　　　4,425,000 円

●生産情報
完成品　200個（材料は、工程のはじめにすべて投入。その後は加工していくだけ）
仕掛品　100個（進捗度は、直接労務費、製造間接費ともに50%）

計算の流れは、次のようになります。
①完成品換算数量を計算する
②1個当たりの完成品原価（製品原価）を計算する
③完成品と仕掛品の原価を求める

①完成品換算数量を計算する

　個数で見ると、完成品200個と仕掛品100個の合計300個です。しかし、仕掛品は、費用の負担という意味で完成品と同等ではありません。この理解が重要です。

　仕掛品の直接材料費については、工程のはじめに材料を投入しているので、材料費の負担は完成品と同じです。1個の仕掛品、完成品は、同額の直接材料費を負担しているということです。

　しかし、完成品と仕掛品とでは、それまでにかかった手間や時間が違いますから、直接製造にかかる直接労務費や、工場の光熱費などの製造間接費（両者を合わせて**加工費**と言う）が変わってくるはずです。これは、**進捗度**というもので表わされます。進捗度とは、物理的な完成度ではなく、加工とともに費用を負担する割合と考えてください。

　例では進捗度50％です。加工を100％受けた完成品と加工度合いが50％の仕掛品では、加工費の負担は異なるということです。

　この進捗度を考慮し、仕掛品の直接労務費と製造間接費の負担は、完成品の負担額の50％で計算します。つまり進捗度50％の仕掛品は、完成品0.5個分と同じ費用負担であると考えます。仕掛品100個ですから、完成品に換算すると50個分（＝100個×50％）に相当するのです。この50個のことを**完成品換算数量**と言います。

　そこで、完成品と仕掛品の1か月の完成品換算数量の合計は、次のように250個と計算します。

> 完成品200個＋仕掛品の数量100×50％＝250個

　計算式は、下記のようになります。

> **完成品換算数量＝完成品の数量＋仕掛品の数量×進捗度**

②1個当たりの完成品原価（製品原価）を計算する

次に完成品1個当たりの製造原価を求めます。直接材料費を、300個（200個＋100個）で割って求めます。注意点としては、直接材料費については、仕掛品も完成品も対等に負担すると考えて、進捗率を考慮しないで計算するということです。

直接労務費と製造間接費は、仕掛品と完成品の負担割合が対等でないので、進捗率を考慮した完成品換算数量を使って計算した250個で割って求めます。

この3つの数字を足したものが、1個当たりの完成品原価です。

```
ⅰ. 1個当たり直接材料費   3,600,000円 ÷ 300個 ＝ 12,000円／個
ⅱ. 1個当たり直接労務費     750,000円 ÷ 250個 ＝  3,000円／個
ⅲ. 1個当たり製造間接費      75,000円 ÷ 250個 ＝    300円／個
   計                                          15,300円／個
```

計算式としては、下記のようになります。

- ●1個当たりの完成品原価（製造原価）＝1個当たり直接材料費＋1個当たり直接労務費＋1個当たり製造間接費
  - ・1個当たり直接材料費＝完成品の金額÷完成品と仕掛品の数量
  - ・1個当たり直接労務費＝直接労務費÷完成品換算数量
  - ・1個当たり製造間接費＝製造間接費÷完成品換算数量

③完成品と仕掛品の原価を求める

完成品と仕掛品の全体の原価を求めてみましょう。

1個当たりの完成品原価は出ていますから、全体の完成品原価は、その数字に完成品の数量200を掛ければ計算できます。

仕掛品原価については、仕掛品にかかる直接材料費、直接労務費、製造間接費を合計します。直接材料費は、完成品と負担割合が対等なので、仕掛品の数をそのまま掛け算します。直接労務費と製造間接費については、仕掛品の数×進捗度を、掛けて算出します。

ア．完成品原価
　15,300円／個×200個＝3,060,000円
　完成品原価＝１個当たりの完成品原価（製造原価）×完成品の個数

イ．仕掛品原価
　ⅰ．直接材料費　12,000円／個×100個＝1,200,000円
　ⅱ．直接労務費　　3,000円／個× 50個＝　150,000円（注）
　ⅲ．製造間接費　　　300円／個× 50個＝　 15,000円（注）
　　　　　　計　　　　　　　　　　　　　1,365,000円

（注）50個＝100個×50％（進捗度）。50個は、仕掛品の完成品換算数量

● **仕掛品原価＝直接材料費＋直接労務費＋製造間接費**
　・直接材料費＝１個当たりの直接材料費×仕掛品の個数
　・直接労務費＝１個当たりの直接労務費×（仕掛品の個数×進捗度）
　・製造間接費＝１個当たりの製造間接費×（仕掛品の個数×進捗度）

　ア＋イは4,425,000円となって当月の総製造費用と一致します。流れは、図4-6を参照してください。
　以上のように、総合原価計算では、連続生産であるため、期間で区切って、その時点で、**総製造費用を仕掛品と完成品（製品）にいかに配分するかという計算が、最大のポイント**になるのです。

4-6　総合原価計算の考え方と流れ

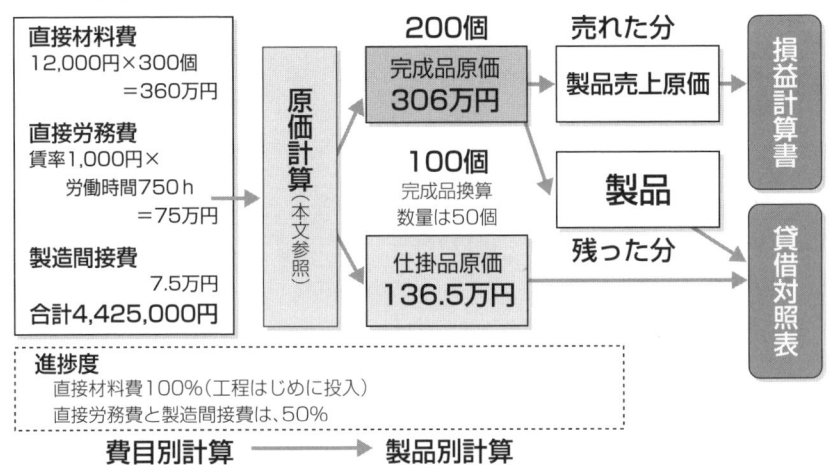

```
直接材料費                              200個       売れた分
12,000円×300個           原      完成品原価      製品売上原価    →  損益計算書
     =360万円             価       306万円
直接労務費                計
賃率1,000円×             算        100個
労働時間750h            （本      完成品換算              製品
     =75万円             文      数量は50個
製造間接費                参                                     →  貸借対照表
     7.5万円             照）     仕掛品原価      残った分
合計4,425,000円                   136.5万円
```

進捗度
　直接材料費100％（工程はじめに投入）
　直接労務費と製造間接費は、50％

費目別計算　→　製品別計算

■事例で個別原価計算のポイントをつかもう

　個別原価計算は、顧客の注文に応じて製品やソフトウェアなどを受注生産する企業が採用し、受注した製品、サービス、ソフトウェアごとに行なう原価計算です。広くとらえれば、プロジェクトごとの損益管理や営業所ごとの損益管理にも活用できます。

　個別原価計算のポイントは、注文ごと（顧客ごと）に原価を計算し、納品が完了すれば売上原価に計上し、未完成ならば、たな卸資産（仕掛品）として認識することです。例をあげて説明しましょう。

　土木工事を行なう日本土木では、現場ごとの個別原価計算を行なっています。今期は3つの現場（A現場、B現場、C現場）で仕事をしてきました。

　A現場は、期末時点でまだ工事は終了していません。B現場とC現場は、工事が完了して、顧客へ引き渡しています。

　現場ごとに発生した費用は、以下の通りです。

（単位：万円）

	未完成	完成	
	A現場	B現場	C現場
直接材料費	100	200	50
直接労務費	200	400	200
直接経費	300	500	100
製造間接費	150	250	50
計	750	1,350	400
請負高	1,000	1,500	600

　どの工事現場で発生したかがわかる費用は、**直接原価**と言います。直接原価は、直接材料費、直接労務費、直接経費に分けて、現場ごとに集計します。本社費用などの現場に共通の費用は、**製造間接費**です。製造間接費は、現場の作業時間に応じて配賦したものです。

　建設業のように、期間が長く、期末をまたぐ場合、工事収益の認識（工事の収益をいつの時点のものにするかということ）と、原価の計算について、進行基準と完成基準の2つの方法があります。この2つの方法の基本的な考え方を理解しましょう。

①完成基準のケース

　完成基準では、未完成の工事に集計された原価は、貸借対照表のたな卸資産になります。すなわちA現場の原価合計750万円が未成工事支出金です（建設業では、仕掛品を**未成工事支出金**と呼んでいます）。

　完成して引渡しが行なわれたB現場の原価（1,350万円）とC現場の原価（400万円）の合計1,750万円が売上原価になります。そして請負高の合計2,100万円（B現場1,500万円＋C現場600万円）が売上高になり、損益計算書に計上されます。売上総利益は350万円（売上高2,100万円－売上原価1,750万円）です。

4-7　完成基準（個別原価計算）

A現場	請負高1,000万
直接材料費 100万	
直接労務費 200万	未成原価（未成工事支出金）
直接経費 300万	
製造間接費 150万	
計750万	

未完成

貸借対照表のたな卸資産750万

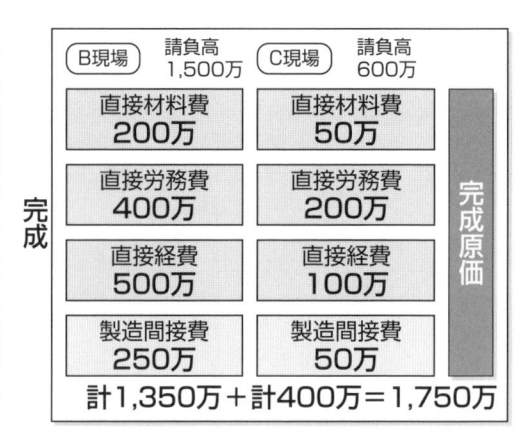

B現場	請負高1,500万	C現場	請負高600万
直接材料費 200万		直接材料費 50万	
直接労務費 400万		直接労務費 200万	完成原価
直接経費 500万		直接経費 100万	
製造間接費 250万		製造間接費 50万	
計1,350万 ＋ 計400万 ＝ 1,750万			

完成

損益計算書の売上原価 1,750万
請負高が、売上高 2,100万（＝1,500万＋600万）になる

②進行基準のケース

　進行基準では、完成工事の売上高と売上原価の計上の考え方は、完成基準と同じになります。しかし未完成の工事に関しては、たな卸資産にせず、損益に計上する点が異なります。次に説明します。

　完成・引渡しが行なわれたB現場とC現場に関しては、売上高を2,100万円計上し、売上原価は1,750万円を計上します。
　さらに、未完成のA現場は、売上高と売上原価を次のように計算して計上します。

売上高は、工事の進捗度を見積もって計算します。進捗度が85％とすれば、請負高1,000万円×85％で、850万円を売上高とします。これに対する売上原価は、現時点（進捗度85％）で把握されている費用750万円とします。工事はまだ終わっていないのですが、85％工事が進行したので、請負額の85％は売上高として発生していると考えるのです。

売上高は、完成・引渡しによって実現し、認識することが原則です（これを**実現主義**と呼ぶ）。これに対して、進行基準は工事の進行によって売上高を認識します。これは**発生主義**による収益の認識です。

進行基準によって損益を計算すると、未完成原価も売上原価に計上されるので、貸借対照表には、在庫（未成工事支出金）が計上されないことに注目してください。

4-8　進行基準（個別原価計算）

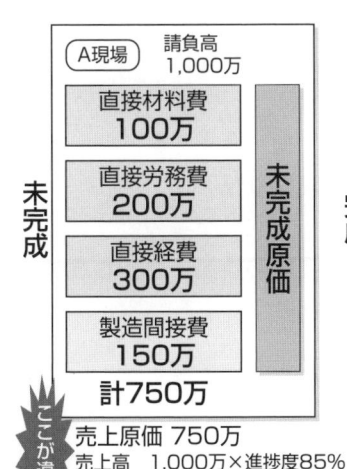

A現場　請負高1,000万
- 直接材料費　100万
- 直接労務費　200万
- 直接経費　300万
- 製造間接費　150万
- 計750万

未完成 → 未完成原価

売上原価　750万
売上高　1,000万×進捗度85％＝850万円

B現場　請負高1,500万
- 直接材料費　200万
- 直接労務費　400万
- 直接経費　500万
- 製造間接費　250万

C現場　請負高6,00万
- 直接材料費　50万
- 直接労務費　200万
- 直接経費　100万
- 製造間接費　50万

完成 → 完成原価

計1,350万＋計400万＝1,750万

損益計算書の売上原価　1,750万
請負高が、売上高2,100万（＝1,500万＋600万）になる

4-5 直接原価計算の考え方

➡ 変動損益計算書の原点は、直接原価計算

POINT 直接原価計算による損益計算は、変動損益計算書と同じ考え方である

■全部原価計算の限界

　直接原価計算は、全部原価計算に対する考え方です。全部原価計算では、製造原価は、製造直接費と製造間接費を集計しますが、直接原価計算では、製造直接費（主に変動費）だけで製造原価を求めます。

　なぜこのような違いが出てきたのでしょうか。それは、配賦計算（配分計算と言っても同じですが、製造間接費については配賦という言葉を使います）を必要とする製造間接費があるからです。製品に直接かかわらせて把握できない製造間接費は、機械運転時間や直接作業時間などを基準に配賦して製造直接費に加算し、全部原価を計算します。

　しかし配賦計算そのものが、正確ではなく、便宜的なものです。なぜなら**製造間接費は、製品に共通して発生し、個別の製品にかかわらせて把握できない**からです。よって、どのように配賦計算をしても正確性に欠けます。それなのに、配賦基準によって製造原価が変化し、利益計算にも影響します。ここに**全部原価計算の限界**があるわけです。

　この問題解決のために、直接原価計算が考えられました。**配賦計算が不正確なら、配賦計算を行なわず製造直接費だけで把握するほうが、正確**です。そこで、直接原価計算では、直接原価だけで製品原価を計算し、売上原価も製造直接費だけで計算します。直接原価計算では、売上高から直接売上原価を差し引けば、製造マージン（限界利益に近い考え方）が算出されます。製造間接費は、配賦計算しないで、販売費・一般管理費と同じように期間原価として計上し、営業利益に反映させます。

　直接原価は、ほぼ変動費なので、売上高－直接売上原価－変動販売費で、限界利益が求められます。ここから、固定費を引けば、営業利益が

求まります。これと同じものが、3章で出て来る変動損益計算書です。直接原価計算による損益計算は、変動損益計算書の原型です。

■直接原価計算をしてみよう

次の例をもとに、実際に直接原価計算を求めてみましょう。
A社のある期間の製造、販売データは以下の通りです。

・材料費100　労務費200　経費100　計400（製造原価）
・当期の製造数量　10個
　　うち：販売個数6個（販売価格50／個）　在庫4個
・販売管理費　40

◎全部原価計算での計算例（財務会計の考え方）

図4-9は、全部原価計算のケースです。全部原価計算では、材料費、労務費、経費のすべてを合計して製造原価としますから、A製品10個の製造原価は、100+200+100で400となります。売上原価は、販売した分の原価となります。販売分は6個×40（1個当たりの製造原価）で売上原価は240、売れ残り分がたな卸資産160となります。損益を見る

4-9　全部原価計算による損益計算

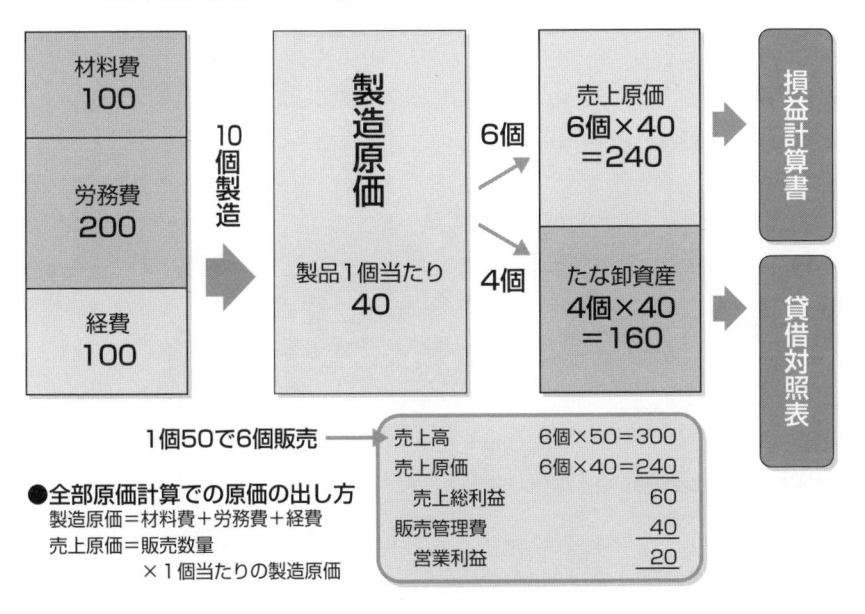

材料費100		製造原価		売上原価 6個×40 =240	→	損益計算書
労務費200	10個製造	製品1個当たり 40	6個 / 4個	たな卸資産 4個×40 =160	→	貸借対照表
経費100						

1個50で6個販売

売上高	6個×50＝300
売上原価	6個×40＝<u>240</u>
売上総利益	60
販売管理費	<u>40</u>
営業利益	20

●全部原価計算での原価の出し方
　製造原価＝材料費＋労務費＋経費
　売上原価＝販売数量
　　　　　×1個当たりの製造原価

と、売上高が300（6個×50）で、営業利益は20です。全部原価計算では、工場で発生した費用をすべて集計するところがポイントです。

◎直接原価計算での計算例（管理会計の考え方）
図4-10は、直接原価計算のケースです。材料費を製造直接費（変動費）として、労務費、経費を製造間接費（固定費）とします。

直接原価計算は変動費だけで原価を把握しますから、材料費の100がそのまま製造原価になります。製品1個当たりの材料費（直接原価）は10（100÷10個）ですから、直接売上原価は60（6個×10）、たな卸資産40（4個×10）となります。製造間接費は、期間原価として損益計算書に計上します。この結果、営業利益は▲100と損失になります。

なお、材料費を変動費に、労務費と経費を固定費とすれば、図4-10の損益計算書は、そのまま変動損益計算書となります。

4-10　直接原価計算による損益計算

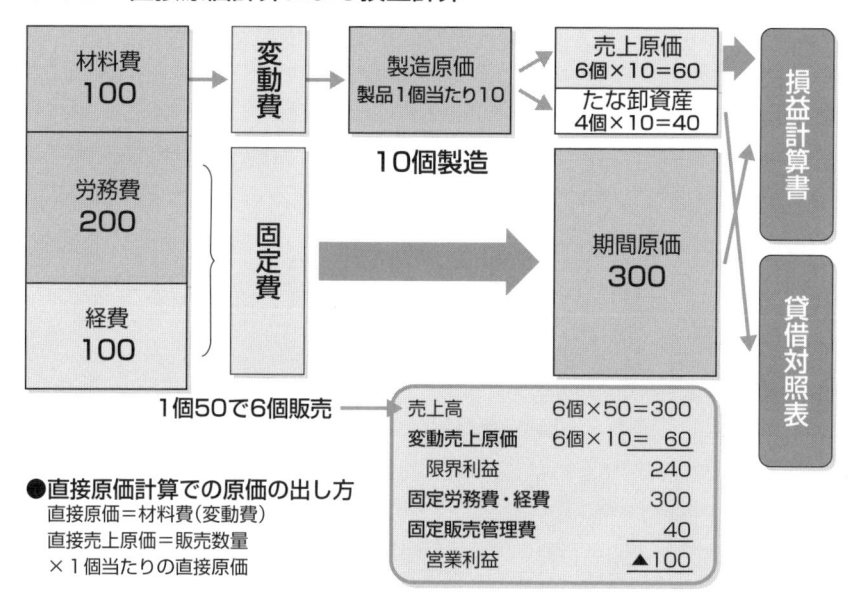

| 材料費 100 | → 変動費 → | 製造原価 製品1個当たり10 | → | 売上原価 6個×10=60 | → | 損益計算書 |
| 労務費 200 経費 100 | 固定費 | 10個製造 | | たな卸資産 4個×10=40 期間原価 300 | → | 貸借対照表 |

1個50で6個販売

売上高	6個×50=	300
変動売上原価	6個×10=	60
限界利益		240
固定労務費・経費		300
固定販売管理費		40
営業利益		▲100

●直接原価計算での原価の出し方
　直接原価＝材料費(変動費)
　直接売上原価＝販売数量
　　　×1個当たりの直接原価

■営業利益の違いは何を意味するか
全部原価計算では営業利益20、直接原価計算では営業利益▲100で、差は120です。この差は何でしょう？

全部原価計算で製造原価に算入されている固定費（製造間接費）が影響しています。

労務費200と経費100の計300を製造数量10で割ると、1個当たり固定費は30です。全部原価計算で、たな卸資産1個に含まれる固定費は、120（30×4個）です。この固定費120は、全部原価計算では損益計算に算入されていません。しかし、直接原価計算では、この固定費120は、損益計算に算入されています（137ページ図4-9と138ページ図4-10を見比べるとわかりますね）。この違いが営業利益の違いです。

生産量＞販売量なら、在庫が生まれます。全部原価計算では、**この在庫に含まれる固定費だけ、利益を一時的に膨らませる**のです（図4-11）。

4-11　全部原価計算と直接原価計算における利益への影響

●**生産量＞販売量のケース……在庫が増加**

■全部原価計算による損益計算

売上高	6個×50＝300
売上原価	6個×40＝240
売上総利益	60
販売管理費	40
営業利益	20

■直接原価計算による損益計算

売上高	6個×50＝300
変動売上原価	6個×10＝60
限界利益	240
固定労務費・経費	300
固定販売管理費	40
営業利益	▲100

◆利益の差
20－▲100＝120

40－10＝30（1個当たり固定費）
全部原価計算では、1個当たり固定費30が在庫に含まれ、費用計上されないので、全部原価計算の利益を大きくしている

→30×4個（在庫）＝120（在庫に含まれる固定費）

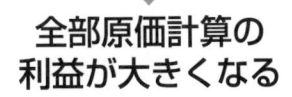

⬇

全部原価計算の利益が大きくなる

全部原価計算による損益計算書では、営業利益は20で黒字です。しかし経営者は、黒字の実感がないはずです。4個売れずに在庫が残っており、在庫4個に投資した全部原価160の回収が終わっていないからです。

直接原価計算では、固定費を期間原価にするため、在庫に含まれる固定費120はその費用が発生した期に、売上高で回収できます（回収とは、固定費として支払った120が、売上高で取り戻せるという意味）。

次期に繰り越すのは、在庫に算入された材料費40となります。しかし、利益の段階では、▲100の営業赤字という数字が出ています。これは、少なくとも、在庫投資の回収ができていないという経営者感覚に近いものです。直接原価計算が管理会計で利用される理由が、ここにあります。

■在庫がないケースと、在庫が減少するケース

これまでの説明は、生産量＞販売量のケースでした。実際には、生産量＝販売量のケース、生産量＜販売量のケースもありえます。この場合の全部原価計算と直接原価計算で計算した営業利益の違いも確認しておきましょう。

①もし製造した10個が、すべて販売されたらどうでしょう（生産量＝販売量）（図4-12）

全部原価計算、直接原価計算とも、営業利益は60で一致しています。どちらの計算方法でも、製造原価400が生産された期間の費用となるからです。製造と販売が連携した経営、在庫を持たない経営の必要性が見えてきますね。

4-12　生産量＝販売量のケース

■全部原価計算による損益計算

売上高	10個×50＝	500
売上原価	10個×40＝	400
売上総利益		100
販売管理費		40
営業利益		60

■直接原価計算による損益計算

売上高	10個×50＝	500
変動売上原価	10個×10＝	100
限界利益		400
固定労務費・経費		300
固定販売管理費		40
営業利益		60

｝利益は一致する

②もし製造した10個以上に、販売（11個）したらどうでしょう（生産量＜販売量：前期からの在庫を当期に販売）（図4-13）

全部原価計算では、前期分の在庫に含まれる1個当たり固定費30が、売上原価に計上されます。直接原価計算では、この30は前期の損益計算で費用にしています。よって直接原価計算による利益が30だけ大きくなります。

4-13　生産量＜販売量のケース……在庫が減少（注）

■全部原価計算による損益計算

売上高	11個×50＝	550
売上原価	11個×40＝	440
売上総利益		110
販売管理費		40
営業利益		70

■直接原価計算による損益計算

売上高	11個×50＝	550
変動売上原価	11個×10＝	110
限界利益		440
固定労務費・経費		300
固定販売管理費		40
営業利益		100

◆利益の差
70－100＝▲30

全部原価計算では、前期の在庫に含まれる1個当たり固定費(30)が、今期の売上原価に参入され、利益を減らしている

⬇

直接原価計算の利益が大きくなる

（注）この場合は、前期分の在庫があることが前提になります。前期分の在庫の原価構成は、当期と同じとします

4-6

活動基準原価計算（ABC）の考え方
➡ 間接費（共通費）の配賦をいかに行なうか

POINT
①間接費の配賦を考えながら、製品・サービスの本当の原価を追求するのがABCである
②経営プロセスを見直し、付加価値を生み出すにはどうしたらいいかを追求するのがABMである

■マーケティングが重視される時代の原価計算

活動基準原価計算（**ABC**：Activity Based Costing）は、1980年代にハーバード大学ビジネススクールのキャプラン及びクーパー教授によって提唱されました。その背景には、近年の製造間接費の増加によって、伝統的な原価計算に問題があることが指摘され、「算出された原価は、本当に正確なのだろうか」という疑問が生じはじめたからです。

ABCを要約すれば、「製造間接費の発生の実態を把握し、正しい製品原価をとらえ、製品ごとの収益性向上のための戦略的意思決定を実現するための原価計算の手法」と言うことができます。

総合原価計算や個別原価計算で見てきたように、製品原価は、**製造直接費**（直接材料費、直接労務費、直接経費）に、工場の間接部門で発生した人件費や減価償却費などの**製造間接費**を加算して、製品原価を計算しています。この製造間接費は、製品に配賦しないで直接加算する（直課）ための合理的な基準や方法が見当たらない費用です。

そのため、**伝統的な原価計算**では、製造間接費は、**直接作業時間**や**機械運転時間**などを基準に、製造部門間の複雑な配賦計算を行ない、最終的に製品に負担（加算）させます。各製品が、製造間接費をいくら負担するかは配賦基準や方法に影響され、製造原価の大小を左右します。

製造間接費が少ない場合、製品原価への影響は軽微ですから、あまり問題になりません。しかし**製造間接費が増加すると、伝統的な原価計算では、製品原価の正確性に疑問が出る**わけです。そこで、伝統的な原価計算に対して、**本当の原価**を求める手法として、ABCが登場しました。

■なぜ製造間接費が増えたのか？

では、なぜ製造間接費が増加しているのでしょうか。

ご想像どおり、顧客ニーズの多様化、複雑化が原因です。

みなさんは、他の人と同じものを持ちたくないと考えることはありませんか。色違いのカバン・自動車・家電製品、数量限定で売るファストファッション、地域限定商品などの存在がその証ですね。このようなマーケティングの変化は、調査、発注、検査、配送、教育などの間接費を増加させました。

この変化は、生産方式にも影響します。高度成長期には主流であった少品種大量生産から、多品種少量生産の時代になりました。工場では、材料の種類や発注回数が増え、金型や色の種類も増え、機械の段取り（機械の準備作業）回数が増え、検査が何回も必要になり、経理や人事の仕事も複雑になり、製造支援活動の間接費が増えていきました。

販売現場では、カタログの作成、営業担当者の教育費の増加、説明時間の増加など販売活動も複雑になってきて、販売費・一般管理費の増加をもたらします。その結果、総原価（製造原価＋販売費・一般管理費）が増加しました。

ABCは、工場や開発現場のコストである製造原価だけでなく、販売活動まで考慮した総原価の把握に原価計算の対象を広げることで、製品別の営業利益までを管理することを可能にします。また製品別だけでなく、営業所別、サービス別、業務別、顧客別など、ABCの応用範囲は広くなっています。製造業を中心として来たABCは、銀行、商社、ソフトウェアなどのサービス業にも広がっています。ABCは、あらゆる業種、業態に役立つので、ぜひポイントを理解してください。

■ABCの計算例（伝統的な原価計算と比較して学ぼう）

具体例で伝統的な原価計算とABCを比較しながら、ABCを用いた原価の計算方法や、具体的な使い方を紹介します。計算過程を追いながら、ABCの有用性を理解しましょう。なお、次の例では、製造原価に絞って説明しています。

定番品として継続生産しているA製品、B製品と、特注品として少量生産のC製品があります。各製品は、購買部門が材料を発注し、検査部

門で製品検査を受けています。予定原価の情報は下記の通りです。

4-14 伝統的な原価計算による製造原価の計算①

(単位：円)

		定番品 A製品	定番品 B製品	特注品 C製品	合計
A	①生産量(個)	10,000	5,000	500	15,500
A	②材料単価	300	100	900	
A	直接材料費(①×②)	3,000,000	500,000	450,000	3,950,000
B	③直接作業時間	1,000	700	300	2,000
B	④賃率／時	1,200	1,200	1,200	
B	直接労務費(③×④)	1,200,000	840,000	360,000	2,400,000
C	製造直接費(A+B)	4,200,000	1,340,000	810,000	6,350,000
D	製造間接費				2,000,000
	製造原価の合計(C+D)				8,350,000

①伝統的な原価計算による製造原価を求める

　まず、A製品、B製品、C製品の製造原価（全部原価）を伝統的な原価計算の手法で求めましょう。製造間接費は、伝統的な原価計算でよく使われる直接作業時間を基準に配賦します。

　伝統的な原価計算による製造原価は、図4-15の通りです。

4-15 伝統的な原価計算による製造原価の計算②

(単位：円)

		定番品 A製品	定番品 B製品	特注品 C製品	合計
	①生産量(個)	10,000	5,000	500	15,500
	③直接作業時間	1,000	700	300	2,000
C	製造直接費(A+B)※	4,200,000	1,340,000	810,000	6,350,000
D	製造間接費				2,000,000
E	直接作業時間による予定配賦率(時間当たり)	1,000（＝製造間接費÷③直接作業時間）			
F	製造間接費配賦額(③×E)	1,000,000	700,000	300,000	2,000,000
G	製造原価合計(C+F)	5,200,000	2,040,000	1,110,000	8,350,000
	製品1個当たり製造原価(G÷①)	520	408	2,220	

※A＝直接材料費　　B＝直接労務費

●伝統的な原価計算での製造原価の出し方
◎個々の製品の製造原価＝各製品の製造直接費＋製造間接費の配賦額
・製造直接費＝直接材料費＋直接労務費
　（直接材料費＝生産量×材料単価、直接労務費＝直接作業時間×1時間当たりの賃率）
・製造間接費の配賦額＝直接作業時間×予定配賦率
　（予定配賦率＝製造間接費÷配賦基準〈ここでは直接作業時間〉）
(注) 賃率とは、1時間当たり人件費のこと

　製造直接費に、その製品ごとに配賦された製造間接費を足すと、製造原価が算出されます。課題は、その製造間接費をどのように個々の製品に配賦するのか、ということです。伝統的な原価計算では、**製造間接費を直接作業時間や機械運転時間などで割った予定配賦率**というものを使って配賦します。
　この例では、製造間接費200万円を直接作業時間2,000時間で割った値1,000円が予定配賦率です。直接作業時間1時間当たりの製造間接費の負担額を意味します。
　そして、各製品の直接作業時間に予定配賦率を乗じれば、各製品が負担する製造間接費を計算することができます。製造間接費は、実際額では集計が遅れるため、一般的には、見積額で計算した予定配賦率を使って、製品に予定配賦します。

②販売価格を求める
　先ほどの例（伝統的な原価計算）の製造原価を使って販売価格を計算しましょう。
　売上総利益率が20％になるように、各製品の予定販売価格を計算しましょう。**製造原価÷（1－ほしい粗利益率）**で算出できます。

```
A製品／個の製造原価　520円÷（1－0.2）＝　650円
B製品／個の製造原価　408円÷（1－0.2）＝　510円
C製品／個の製造原価 2,220円÷（1－0.2）＝2,775円
```

　現在、この価格で販売しているとします。

③ ABCを使って、製造原価を計算する

　A製品は、競争が激しく値下げ要求が厳しい状況です。B製品は、予定価格で販売できています。C製品は、類似製品と比較しても価格が安いようで受注が伸びています。

　そこで、**製造原価をABCによって見直し**、**本当の原価**はどのくらいか計算してみることにしました。

　調査の結果、製造間接費の内容が主に次の2つに分類されることが判明しました（単純化のため製造間接費の内容は簡素化しています）。

　1つは、材料の発注に伴って発生する事務処理コスト（発注費）、もう1つは、製品の検査に伴って発生する作業コスト（検査費）です。

　発注費は、発注処理用コンピュータ関連費用や発注担当者の人件費です。発注回数に比例して発生します。

　検査費は、検査機器の減価償却費や検査担当者の人件費などです。検査時間に応じて発生します。

　なお、発注費や検査費は、機能的な費用です。たとえば発注費は、発注にかかわる従業員の人件費、機器の減価償却費、通信費のような勘定科目が含まれます。このような費用を複合費と呼び、ABCでは、**コストプール**と呼んでいます。

　まずは、以下のデータから、各製品が負担すべき製造間接費を計算してみます。

発注費	400,000 円
検査費	1,600,000 円
製造間接費	2,000,000 円

	A製品	B製品	C製品
発注回数	50 回	30 回	10 回
検査時間	500 h	800 h	1,000 h

　ABCの計算結果は、図4-16の通りです。基本的な計算は伝統的な原価計算（図4-15）と同じですが、発注費は発注回数、検査費は検査時間を基準に、製造間接費を配賦している点が異なります。

4-16　ABCによる製造原価の計算

(単位：円)

		定番品 A製品	定番品 B製品	特注品 C製品	合計
	①生産量(個)	10,000	5,000	500	15,500
	③直接作業時間	1,000	700	300	2,000
C	製造直接費(A+B)※	4,200,000	1,340,000	810,000	6,350,000
D	製造間接費				2,000,000
	発注費	400,000			
	⑤単価(発注費÷全体の発注回数)		4,444		
	⑥発注回数	50	30	10	90
H	各製品への賦課金額(⑤×⑥)	222,200	133,320	44,440	399,960
	検査費	1,600,000			
	⑦単価(検査費÷全体の検査時間)		696		
	⑧検査時間	500	800	1,000	2,300
J	各製品への賦課金額(⑦×⑧)	348,000	556,800	696,000	1,600,800
K	製造原価の合計(C+H+J)	4,770,200	2,030,120	1,550,440	8,350,760
	製品1個当たり製造原価(K÷①)	477	406	3,101	

※A＝直接材料費　B＝直接労務費　(注)H＋Jが200万円にならないのは計算誤差です

次に、図4-17を見ながら、直接作業時間を基準に配賦計算した製造原価（伝統的な原価計算）とABCを使って計算した製造原価を比較してみましょう。

4-17　伝統的な原価計算とABCの製造原価の比較

(単位：円)

		定番品 A製品	定番品 B製品	特注品 C製品
L	伝統的な原価計算による1個当たり製造原価	520	408	2,220
M	ABCによる製造原価1個当たり製造原価	477	406	3,101
N	1個当たり製造原価の差額(L−M)	43	2	▲881
	生産量(個)	10,000	5,000	500
	N×生産量(製造原価総額の差額)	430,000	10,000	▲440,500

1個当たりの製造原価で比較すると、A製品、B製品とも、それぞれ

43円、2円ほど、伝統的な原価計算のほうが大きくなっています。C製品は、881円もABCのほうが大きくなっています。この理由は、直接作業時間の大きさが影響しています。

■本当の原価はどちらか

でも、よく考えてみてください。製造間接費は、直接作業時間に比例して発生するでしょうか。

このような配賦方法をとるのは、あくまでも便宜的な方法です。製造原価に占める労務費の割合が大きく、製造間接費の割合が小さい場合は、このような配賦方法をとっても、大きな原価の違いは出ないでしょう。しかし、製造間接費の割合が大きくなった近年では、この差が大きくなっています。この計算例はそれを示しています。

では、どちらが本当の原価でしょうか。

発注費について考えてみましょう。材料ごとに仕入先に発注しますが、生産量が多い製品の発注回数が多いとは限りません。A製品とB製品は、定番品なので、1回の発注で多くの数量を発注することが多く、発注回数は生産量の割には多くなりません。特注品のC製品は、注文のつど発注することが多く、生産量の割には、発注回数が多くなっています。発注費は、発注回数に対して比例して発生します。よって、直接作業時間で配賦する従来のやり方では、発注費の製品負担額を正しく計算できません。

検査費はどうでしょう。A製品は、生産量は多いのですが、規格品で、検査は効率的に行なえ、検査時間は少なくて済みます。B製品は、構造がA製品より複雑で、やや検査に時間がかかります。C製品は、注文ごとに検査内容が異なり、検査時間は非常に多くなります。よって、発注費と同様に直接作業時間で配賦する従来のやり方では、検査費の製品負担額を正しく計算できません。このように考えると、**ABCのほうが本当の原価を計算できている**ことがわかります。

ABCは、製造間接費の発生が、発注活動や検査活動という活動（Activity）に関連して発生することに注目して、製品などの原価計算の対象に配賦する方法です。活動基準原価計算（Activity Based Costing）と呼ばれる理由がここにあります。

■C製品の価格は安すぎたことが判明

伝統的な原価計算とABCによる**原価を比較**することで、**価格の妥当性を分析**しましょう。

C製品の製造原価が、伝統的な原価計算よりもABCのほうが881円大きい（147ページ図4-17参照）ということは、**C製品はもっと価格を高くすべき**であることを示しています。製造原価の総額で比べると、44万500円（881円×500個）もABCのほうが多くなるのです。

売上総利益率20％を前提に価格設定すると、伝統的な原価計算では、2,775円（2,220円÷0.8）が販売価格となりますが、ABCによる販売価格は、3,876円（3,101円÷0.8）と1,101円も高く設定すべきことがわかります。C製品は、価格が安すぎたために、注文が伸びているという皮肉な結果を生んでいたのです。

A製品は、どうでしょう。A製品は、値下げ要求が厳しい状況でした。伝統的な原価計算に基づく販売価格は、650円（520円÷0.8）でした。ABCに基づく販売価格は、596円（477円÷0.8）です。この差を見れば、もともと値下げする必要があったのです。顧客のほうが、価格には敏感だったようです。

B製品は、予定価格で販売できていました。伝統的な原価計算では510円（408円÷0.8）、ABCでも508円（406円÷0.8）ですから、**価格設定がほぼ同じであったため、予定価格で販売できたことになり**、それが予想通りに販売を伸ばす理由になりました。

■ABCの流れと概略をつかもう

ABCは、「**活動が資源を消費し、製品が活動を消費する**」という理念で、構築された原価計算方法です。資源とは、ヒト、モノ、カネなどの経営資源のことです。150ページ図4-18はABCによる製造間接費の配賦の流れを示しています。

たとえば、材料の**発注活動**によって、人件費、減価償却費などの費用が発生（経営資源を消費）します。**発注活動に関連したこれらの費用を集計できれば、発注費という複合費（コストプール）が計算できます。**

これは、発注費の原価を計算することと同じことです。発注にかか

わった人件費を集計しようとすれば、発注に携わった作業時間×時給で発注にかかわった人件費が集計できます。発注に関連する減価償却費を集計するなら、発注にかかわる機器の稼動時間や稼働台数を把握して、適当な配賦基準を選び、減価償却費を発注費に割り当てます。

この発注作業時間や機器稼働台数のような経営資源に関連する配賦基準を**資源ドライバー**と呼びます。

4-18　ABCで、間接費を製品に割り当てる流れ

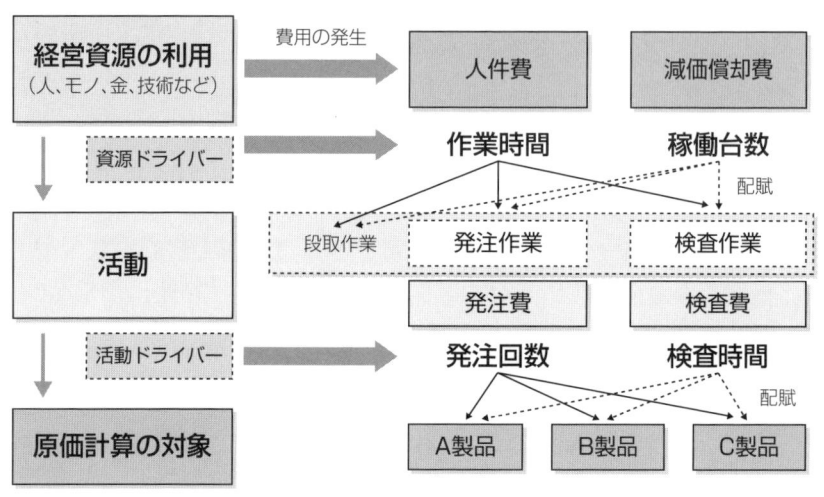

```
経営資源の利用         費用の発生
(人、モノ、金、技術など)  →      人件費      減価償却費
    ↓
  資源ドライバー         →      作業時間     稼働台数
                                    ↓         ↓ 配賦
    活動              段取作業  発注作業   検査作業
                              発注費     検査費
    ↓
  活動ドライバー        →      発注回数    検査時間
                                    ↓         ↓ 配賦
  原価計算の対象         A製品    B製品    C製品
```

（製品　サービス　プロジェクト　営業所など）

同様に、検査活動に関連した経営資源をとらえ、資源ドライバーを決定して、人件費や減価償却費を配賦して、検査費というコストプールに集計します。

このようにして集計した発注費と検査費は、A製品、B製品、C製品に関連付けて配賦しました。配賦基準は、発注回数や検査時間でした。これらの活動に関連する配賦基準を**活動ドライバー**と呼びます。

■ABCを販売活動へ拡大する

製造原価を前提に説明してきましたが、販売費・一般管理費まで費用の範囲を広げると、営業利益までのコスト管理が可能になります。つまりABCの対象を**総原価**（製造原価＋販売費・一般管理費）に広げ、製

品1個当たりの総原価を計算します。目標売上高営業利益率が決まっていれば、その利益率を前提にした販売価格も設定可能になります。
　先ほどの事例をもとに、計算の仕方を説明しましょう。

①各製品の総原価を計算する

　調査の結果、以下の販売費・一般管理費のデータが入手できました。各製品の総原価を計算しましょう。

物流費	520,000 円	
売上獲得費	700,000 円	
その他販管費	300,000 円	
販売費・一般管理費	1,520,000 円	

	A製品	B製品	C製品
発送回数	150 回	50 回	20 回
訪問件数	100 件	50 件	200 件

（注1）単純化のため販売費・一般管理費の内容は簡素化しています
（注2）物流費は、製造原価に属するものと、販売費に属するものがありますが、本書では、簡素化のために、販売費・一般管理費にかかわるものとして扱っています

　物流費は、物流に伴って発生する人件費、燃料費、減価償却費などの複合費です。発送回数との相関関係が強いので、発送回数で配賦します。

　売上獲得費は、販売促進費のように売上を上げるための必要経費です。営業活動をするときの交通費、人件費、営業車両のリース料などの販売費が主要部分を占めています。訪問件数が、一番相関関係が認められるので配賦計算ではこれを採用します。

　その他販管費は、適当な活動ドライバーが見つからないので、伝統的な原価計算と同じように直接作業時間で配賦します。

　計算の方法は、今までと同様です。配賦結果は、152ページ図4-19の通りです。

4-19　ABCによる間接費の配賦の内容

(単位：円)

		定番品 A製品	定番品 B製品	特注品 C製品	合計
	①生産量(個)	10,000	5,000	500	15,500
	③直接作業時間	1,000	700	300	2,000
C	製造直接費(A+B)	4,200,000	1,340,000	810,000	6,350,000
	発注費	400,000			
	⑤単価(発注費÷発注回数)		4,444		
	⑥発注回数	50	30	10	90
H	各製品への賦課金額(⑤×⑥)	222,200	133,320	44,440	399,960
	検査費	1,600,000			
	⑦単価(検査費÷検査時間)		696		
	⑧検査時間	500	800	1,000	2,300
J	各製品への賦課金額(⑦×⑧)	348,000	556,800	696,000	1,600,800
	物流費	520,000			
	⑨単価(物流費÷配送回数)		2,364		
	⑩配送回数	150	50	20	220
O	各製品への賦課金額(⑨×⑩)	354,600	118,200	47,280	520,080
	売上獲得費	700,000			
	⑪単価(売上獲得費÷訪問件数)		2,000		
	⑫訪問件数	100	50	200	350
P	各製品への賦課金額(⑪×⑫)	200,000	100,000	400,000	700,000
	その他販管費	300,000			
Q	③直接作業時間で配賦	150,000	105,000	45,000	300,000
R	総原価合計(C+H+J+O+P+Q)	5,474,800	2,353,320	2,042,720	9,870,840
	製品1個当たり総原価(R÷①)	547	471	4,085	

②販売価格を設定する

　目標である売上営業利益率を5％として、販売価格を設定してみましょう。

　計算方法は、今まで見てきたものと同様に行ないます。

　図4-20を見てください。

　A製品の1個当たり総原価は547円なので、販売価格は576円（547円÷0.95）となります。伝統的な原価計算に基づく製造原価520円（売上総利益率20％）に基づく販売価格は650円（520円÷0.8）、ABCで計

算した製造原価477円（売上総利益率20％）に基づく販売価格は596円（477円÷0.8）です。値下げ競争が激しかったA商品の価格が、当初かなり高く設定されていたことがわかります。

ABCによる総原価で計算した576円が、値下げ競争下では、採用すべき販売価格であったこともわかります。

　B製品の1個当たり総原価は471円なので、販売価格は496円（471円÷0.95）となります。伝統的な原価計算に基づく製造原価408円（売上総利益率20％）に基づく販売価格は510円（408円÷0.8）、ABCで計算した製造原価406円（売上総利益率20％）に基づく販売価格は508円（406円÷0.8）です。B製品は、ほぼ予定価格で販売できていました。**3つの方式で計算した結果に大きな違いがないので、当初の価格設定がほぼ正しかったこと**がわかります。

　特注品のC製品の1個当たり総原価は4,085円なので、販売価格は4,300円（4,085÷0.95）です。伝統的な原価計算による製造原価2,220円（売上総利益率20％）に基づく販売価格は2,775円（2,220円÷0.8）、ABCで計算した製造原価3,100円（売上総利益率20％）に基づく販売価格は3,876円（3,101円÷0.8）です。ここから、**C製品の価格が安すぎた**ことがわかります。C製品の販売が伸びているという結果は、喜んでいられません。C製品の収益性が落ちて、全体の収益性に悪影響を与えているからです。マーケティング面は別として、コスト面からは、販売価格の見直しが必要でしょう。

4-20　原価計算の違いによる販売価格の比較

（単位：円）

		定番品 A製品	定番品 B製品	特注品 C製品
a	伝統的原価計算に基づく販売価格 （売上総利益率20％）	650	510	2,775
b	ABCに基づく販売価格 （売上総利益率20％）	596	508	3,876
c	ABCに基づく販売価格 （売上営業利益率5％）	576	496	4,300

■ABCを経営改革に発展させる「活動基準管理（ABM：Activity Based Management）」

　ABCでは、活動に注目して間接費を集計します。活動に注目すると、活動そのものの本質的な問題点が見えてきます。たとえば、発注活動においては、注文書の受領、発注書作成、発注作業（端末操作）、納品確認と発注ミスチェックなどの業務が伴います。この一連の活動において、非効率な部分を見つけ出し、改善し、再構築することで、発注費の削減が可能になります。

　さらに、発注といった個々の活動だけでなく、在庫管理、製造、物流、販売へ至る業務プロセスまで見直して、顧客へのサービスを強化する経営改革に発展させる考え方が、**活動基準管理（ABM）** です。

　ABMは、顧客に製品やサービスを提供するプロセスを分析し、ABCによる原価情報を利用して、付加価値を生み出す活動（付加価値活動）に継続的な改善の取り組みを行ない、付加価値を生まない活動（非付加価値活動）は削減・縮小することで、費用の継続的な低減を図ることを狙った管理手法です。

　プロセスとは、製品やシステムの開発、購買、製造、販売、物流、顧客サービスという一連の流れのことです。このプロセスの中で、付加価値活動と非付加価値活動を分析して、業務プロセスの改善や再構築（**リエンジニアリング**）を行なうのがABMです。ABMを推進する場合には、顧客にとって必要な活動とは何かを重視して、業務プロセスを再構築することが大切です。

　ABMは、製造業だけでなく、サービス業など他の業種に広がって活用されています。コンビニチェーンでは、仕入、物流、販売のプロセスを徹底的に分析し、店舗への**多頻度小口配送**を実現して、顧客に新鮮な商品を提供することで、顧客満足を創出するとともに、店舗での廃棄ロスを減少させ、店舗の利益アップを実現させています。

■ABCとABMの関係

最後にABCとABMの関係を図4-21に示しておきました。

縦の流れがABCです。ABCのポイントは、費用をいかに製品などの原価計算の対象に関連付けるか考えることにあります。ABCによって製品やサービスなどの本当の原価を把握して価格を設定します。そこで、利益を最大化できる最適な製品・サービスの組み合わせを決定するために必要な情報を得ることができますので、戦略的セールスミックス（製品やサービスの組み合わせ）の決定に活用できます。

製品・サービスを大きくとらえ、営業所やプロジェクトという単位で考えれば、それぞれの収益性や問題点を把握しながら、営業所の統廃合、プロジェクトの評価を行なうことも可能です。

図4-21の横の流れがABMです。ABMのポイントは、**顧客の視点で、経営プロセスを見直し、付加価値を生み出せる経営プロセスは何か**を考えることにあります。企業は持続的な競争優位を図るために、ABMの実践によって、顧客に支持される仕組み（短い納期、タイムリーな情報提供、適切な価格設定など）の改革を続ける必要があります。その結果、**付加価値の増加を伴う利益の増加**が実現するのです。

4-21　ABCとABMの関係

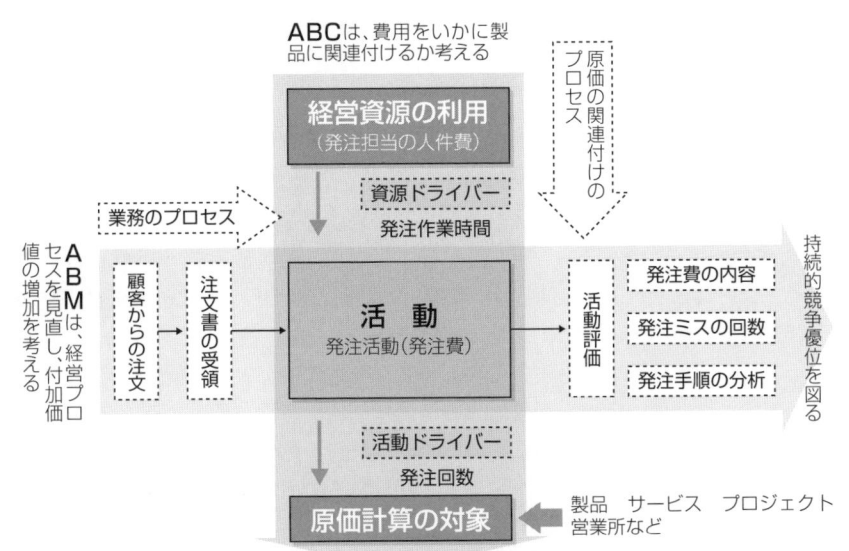

ABCは、費用をいかに製品に関連付けるか考える

原価の関連付けのプロセス

経営資源の利用
（発注担当の人件費）

資源ドライバー
発注作業時間

業務のプロセス

ABMは、経営プロセスを見直し、付加価値の増加を考える

顧客からの注文 → 注文書の受領 → **活　動** 発注活動（発注費） → 活動評価

発注費の内容
発注ミスの回数
発注手順の分析

持続的競争優位を図る

活動ドライバー
発注回数

原価計算の対象 ← 製品　サービス　プロジェクト　営業所など

戦略的セールスミックスの実現を目指す

実践コラム

価格設定の手法あれこれ……

価格設定を行なうときは、**原価、需要、競争**の3つの切り口を考慮します。

●**原価から価格を設定する**……**コスト志向**

原価計算やABC（活動基準原価計算）の事例で説明した方法は、製造原価や仕入原価を基準にした、コスト志向の価格設定法です。原価を基準に価格設定できるのは、競争力の高い製品、競争のない製品に限られます。

●**売れる価格から割り出す**……**需要志向**

消費者の価格イメージや需要の強さを基準に価格を決める**需要志向**の価格設定法は、現実的な方法と言えます。売れる価格を探り出し、そこから必要粗利益を控除して、原価目標を割り出します。低価格戦略を推進する大手の量販店などがこれを使っています。

たとえば、一般市場で販売されている価格を10万円とします。低価格販売のため市場価格より10%安く販売する方針で、9万円の販売価格を設定します。

次に**値入率**（粗利益率）を決めます。売上高販売費・一般管理費比率が15%、企業の成長のために必要な売上高営業利益率を5%とすると、必要な値入率は20%です。よって、**仕入値の上限**は、次の計算で決まります。

9万円×（100%－20%）＝7万2,000円（仕入値の上限）

大量仕入によって、仕入先に対する価格交渉力が強い、規模の大きな企業は、このような仕入価格の設定が可能になります。

●**目玉商品、戦略製品の値付け**……**競争志向**

競合他社を意識した**競争志向**の価格設定がよく行なわれます。たとえば、チラシに低価格の目玉商品を掲載し、来店の際には高粗利益率商品のついで買いを誘い、全体の粗利益率をアップさせる手法です。これは、**ハイアンドロー（High & Low）戦略**と呼ばれ、チラシを使わない**EDLP（Every Day Low Price）**と比較されます。

メーカーが戦略製品を市場に投入して、一挙にシェアをとりにいくことを狙う場合、**思い切った低価格（戦略的な価格）**設定を実施することもあります。戦略製品には、製造間接費の配賦を行なわず、**製造直接費＋粗利益**で価格を決め、低価格で市場参入するケースです。自動車や家電などで見られます。戦略製品に配賦できなかった製造間接費は、すでに好業績を上げている製品の付加価値で回収します。

第5章

短期的意思決定に役立つ考え方

　管理会計の3つ目のテーマは意思決定です。意思決定には、短期的意思決定と戦略的意思決定があります。

　第5章では、短期的意思決定に関して、演習問題を解きながら考えてもらいます。

　短期的な意思決定とは、利益計画をはじめ、価格決定の考え方、値下げの可否、雇用可能な人件費の総額の決定法など、経営の個別的な事項に関する意思決定のことです。最後に次期利益計画をどのように策定するのかについても取り上げます。

　管理会計の面白さを体験してください。

5-1

機械式洗車は600円、手洗い洗車は1,600円。この差は何か？
➡ 原価とは何かを改めて考えてみよう

　管理会計の視点で原価を考えると、財務会計の視点で見たときに比べ、実際のビジネスに即した原価をとらえることができます。そのビジネスがどんな付加価値を提供しているのかを、正しく分析するためには、本当の原価をきちんとつかむことが大切です。具体例で考えていきましょう。

Question　ガソリンスタンドに洗車をしに行きました。スタンドの店員が価格表を提示し、全自動の機械を使えば8分で600円、手洗いのシャンプー洗車なら15分で1,600円と言われました。この1,000円の価格差の理由は何でしょう。手洗い洗車は、基本的に1人で行ないます。

■人件費と考えた人が多いのではないでしょうか

　差の1,000円は人件費と考えがちですが、果たしてそうでしょうか。
　まず機械式洗車の直接原価を考えてみましょう（図5-1）。直接原価とは、直接原価計算で説明したように洗車にかかわらせて把握できる費用です。大まかに考えて、洗剤100円、水道光熱費100円、機械の減価償却費200円、設置スペースの地代家賃100円、人件費は全自動なのでゼロ円とすれば、機械式洗車の直接原価は高くても500円です。洗車料金600円－直接原価500円で100円が粗利益という計算になります。粗利益率16.7％（100円÷600円）です。
　手洗い洗車の直接原価はどうでしょう。洗剤100円と水道光熱費100円は機械式と同等に考えます。機械は使わないので、減価償却費はゼロ円です。地代家賃は、洗車場所を洗車時間だけ負担するとして50円とします（機械式は洗車場所を独占しているので100円と多く見積もっています）。新たに考える必要があるのは洗車を行なう人の人件費です。手洗い洗車は15分かかるので、15分の人件費を計算します。時給1,200円として、1分当たり20円（1,200円÷60分）、15分だと300円（20円

×15分）です。手洗い洗車にかかる直接原価は、洗剤100円、水道光熱費100円、地代家賃50円、人件費300円の合計で550円です。

つまり機械式洗車500円と手洗い洗車550円の差は50円です。概算ですからこの数字は正確ではありませんが、ここでわかることは直接原価にあまり差がないことです。手洗い洗車では人件費がかかりますが、少なくとも料金の差1,000円が、人件費とは言えないようです。

5-1 機械式洗車と手洗い洗車の違い

（単位：百万円）

		A手洗い洗車	B機械式洗車	差(A-B)
①	洗車料金	1,600	600	1,000
② 直接原価	洗剤	100	100	0
	水道光熱費	100	100	0
	減価償却費	0	200	▲200
	地代家賃	50	100	▲50
	人件費	300	0	300
	合計	550	500	50
③	粗利益①-②	1,050	100	950
④	機会原価	750	0	750
③-④	機会原価を考慮後粗利益	300	100	200

（50円しか差がないのはなぜ？）

■減価償却費、人件費、地代家賃以外の間接固定費の影響を見てみる

洗剤と水道光熱費は直接原価であり変動費で、減価償却費、地代家賃、人件費は直接固定費です。直接原価には大きな違いがありません。

では、直接原価（変動費＋直接固定費）以外の費用の違いでしょうか。ガソリンスタンドも、経理などの事務員の給与・賞与、役員報酬、オフィスの光熱費、事務用消耗品費などの**間接固定費**が発生します。これは、洗車をしようがしまいが発生する**無関連原価**です。もし洗車料金に反映させようとすれば、間接固定費を何らかの形で、洗車というサービス（活動）に配賦計算する必要があります。すでに説明した全部原価計算やABC（活動基準原価計算）のように原価を配分計算します。

しかし、間接固定費というのは、洗車との関係が不明確な費用、すなわち配賦基準が見つからない費用なので、**配賦計算することでかえって**

本当の原価がわからなくなることはすでに説明しました。よって、間接固定費を料金の大小の原因とするのは説得力に欠けます。

■「得られたはずの利益」を考える……「機会原価」

管理会計では、**機会原価**という考え方があります。ある行為を行なうことで、他の行為を実行できないことがありますね。**他の行為を行なわなかったことで失った利益のことを機会原価**または**機会損失**と言います。他の行為が複数あれば、その中で最大の利益のことを指します。

ガソリンスタンドでは、洗車のほかいろいろなサービスを行なっています。洗車している人は、洗車の間は他のサービスを提供することができません。たとえば、洗車の間にハイオク50ℓを給油する車が来て待たせてしまったとします。50ℓの粗利益を750円（150円×50ℓ×10％）とすると、**手洗い洗車の間は、750円の機会原価が発生**します。

管理会計では、機会原価を手洗い洗車の原価と考えます。手洗い洗車の原価は、1,300円（直接原価550円＋機会原価750円）で、料金1,600円ですから、粗利益は300円（1,600円－1,300円）です。機械式洗車は、洗車している間に他の仕事ができるので、機会原価はほとんど発生しません。

このように考えると**1,000円の価格差は、大部分が機会原価**であることがわかります。機会原価が大きいときは、粗利益を大きく設定する必要があるので、価格も高くなります。ゴールデンウィークの観光地のホテル・旅館の宿泊代が高くなるのも機会原価を意識しているからです。

しかし、みなさんは、料金が高い理由が、機会原価だと説明されて納得いきますか。手洗い洗車の顧客に、「手洗い洗車を行なうと、給油ができないので機会原価だけ高くなっています」と説明したらどうでしょう。「そんなのそちらの問題でしょ！」と言われるのがおちですね。

対策として、仕事の繁閑に応じて人員配置や人数を調整する仕組みが、機会原価の発生を防ぐことも理解しておきましょう。

■粗利益の差950円は何を意味するのか

159ページ図5-1を見ると、直接原価（変動費＋直接固定費）では、50円の違いしかなく、大きな違いは粗利益であることがわかります。粗利益は、機械式では100円（600円－直接原価500円）、手洗い式では

1,050円（1,600円 − 直接原価550円）、その差は950円です。この2つの料金の差は粗利益であると言っていいでしょう。

しかし、機会原価を説明に使えないなら、顧客に粗利益の差を説明する根拠がなくなってしまいますね。

損益分岐点のところで説明しましたが、**粗利益は一種の付加価値**です。このケースでは、間接固定費を支払う原資になります。

普通の店員は、顧客にこう言うでしょう。「いろいろ経費がかかっているので、粗利益をもらわないと、経営が成り立たないのです」。

優秀な店員なら、顧客にこう言うでしょう。「お車を大切にする方には、手洗い洗車をお勧めします。車に傷を付けないように、隅から隅まで大切に洗います。私たち洗車のプロにお任せください」と。

この安心と信頼の提供が、顧客に粗利益1,050円を支払う気にさせ、ガソリンスタンドは付加価値を手に入れることができるのです。優秀な店員の人件費（固定費）が、付加価値1,050円を生むと言えるのではないでしょうか。優れたサービスのための教育コストをかける必要性が見えませんか。

> **POINT** 財務会計では使わない機会原価を考慮すると、原価が増えて、売価（料金）は高くなる

補足1：変動費と直接原価が、異なるケースもあります。このガソリンスタンドのケースでは、洗剤と水道光熱費は直接原価であるともに変動費です。減価償却費、地代家賃、人件費は直接原価であり固定費です。

補足2：このケースは、変動費だけで考えるほうがわかりやすいです。変動費は機械式、手洗いとも同じです。変動費は洗剤100円と水道光熱費100円の200円。機械式の限界利益は、400円（600円 − 200円）で限界利益率は66.7％。手洗い洗車では、限界利益は1,400円（1,600円 − 200円）で、限界利益率87.5％と非常に高くなっています。

限界利益率が高い理由は、減価償却費、人件費などの固定費にありますが、現場を見れば、優秀な社員が付加価値を生んでいると実感できるはずです。

5-2 原価割れでも注文を受けるべきか？
➡ 決め手は原価の見方と限界利益

値引きすると大量注文が入ることもあります。しかし、その価格設定によっては原価割れをする可能性もあり、注文を受けるかどうかの判断が難しいときがあります。そんなときにも、管理会計が役に立ちます。

Question 信州製菓では、銘菓りんご最中を作っています。ある問屋から、通常1個1,200円を900円に値引きできるのなら、銘菓りんご最中を1万個購入したいという注文が入りました。現在の原価を以下の計算情報で見ると1,000円です。1万個の注文を受けるべきかを判断してください。

銘菓りんご最中の総原価（1個当たり）

材料費	500円
外注加工費	100円
固定費	400円（年間予定生産量12万個を前提にしている）
	1,000円

（注1）材料費と外注加工費は変動費で、フル操業まで単価は変わらない
（注2）年間予定生産量12万個はフル操業の80％の状態で販売確実である
（注3）固定費総額は、フル操業まで変化はないものとする

■ 総原価を下回ると損失になるか？（総原価1,000円と900円を比較する）

総原価を下回る価格で注文を受ければ、1個当たり100円の損失になるのでしょうか。

1万個を受注すれば、年間予定生産量は、13万個（12万個＋1万個）となります。フル操業は15万個（12万個÷80％）なので、注文を受ける生産能力には余裕があります。

また、固定費は、フル操業まで総額は変わらない条件なので、1万個

注文を受けても固定費総額は、4,800万円（予定生産量12万個×400円）です。よって、1万個の注文を受ければ、1個当たり固定費は、400円から369円（4,800万円÷13万個）に下がります。

変動費はフル操業まで単価は変わらないので、1個当たりの総原価は、969円（材料費500円＋外注加工費100円＋固定費369円）です。

このように考えると、900円の受注では、総原価969円のほうが大きく、損失が出てしまうため、注文を受けないという結論になります。

しかし、そうでしょうか。もう少し考えてみましょう。

■900円と比較すべき単価は何か？（限界利益で分析する）

固定費は、生産水準（年15万個）を維持するためのコストで、**能力原価（Capacity cost）** と呼ばれます。生産量が減少しても増加しても変わりません。つまり、1万個の注文を受けても、固定費は4,800万円発生するのです。4,800万円のように、注文を受けるという意思決定には関連しない費用を、**無関連原価**または**埋没原価**と言います。

ここで損益分岐点分析や変動損益計算書で勉強したように、限界利益に注目する必要があります。

銘菓りんご最中の1個当たり変動費は、600円（材料費500円＋外注加工費100円）で、受注価格が900円です。よって1個当たり300円の限界利益を得ることができます。1万個で300万円（300円×1万個）の限界利益を稼げるので、固定費を回収して、利益に貢献する原資が増えることになります。よって、**限界利益がプラスであれば、注文を受けるほうが有利**ということになります。900円と比較すべき単価は変動費600円ということです。

固定費の回収が、限界利益の役割です。限界利益がプラスか否かが、この意思決定の判断の分かれ目になることを、再確認してください。ただし、現実には、900円に値段を下げることで、他の問屋からも値引き要求が来るようなことも考えられます。商売がやりにくくなる可能性もあるので、数字以外の影響を考慮する必要がありますね。

■費用と収益の増減に注目して分析する「差額原価収益分析」

次のような方法もあります。1万個の注文を受けた場合に、増減する費用（差額費用）、増減する収益（差額収益）を取り出して分析する方法です。**差額収益－差額費用で求まる差額利益がプラスであれば、注文を受けるほうが有利**です。

```
1万個の注文を受けた場合
  差額収益    900円×1万個  = 900万円
▲差額費用
  材料費      500円×1万個 = 500万円
  外注加工費  100円×1万個 = 100万円
  固定費                       0万円
  差額利益                   300万円
```

ある意思決定で変化する収益と費用を比較し、その差額である差額利益が黒字であれば、その意思決定を行なうほうが有利であると判断できるのです。

このような方法を**差額原価収益分析**と呼んでいます。銘菓りんご最中のケースでは、差額利益は1万個の限界利益と一致していることを確認してください。固定費が無関連原価なので、限界利益が差額利益になっています。

> **POINT** 注文を受けるかどうかの判断は、限界利益に注目し、プラスであれば、注文を受けるのが有利

補足：この問題では、簡略化のために固定費は変化しないものとしています。実際は、生産量（操業度）の水準による販売費、残業や光熱費の増加などによって、固定費も増減することがあるので、そのときは考慮する必要があります。

5-3

時給はどうやって決めるのか？
➡ 人時生産性と労働分配率がポイント

まだ利益が出ないうちから従業員の給料を決めるのは、難しい課題です。高すぎると利益が残りませんし、安すぎればモチベーションがダウンする可能性もあります。

次に、時給を決める考え方を勉強しましょう。

Question 10分で1,000円の理容サービスがあります。1日（8時間営業）平均100名の客が来るとします。店舗従業員は3名です。この情報から、従業員の時給（法定福利費や福利厚生費を含めない）は大体いくらにすればよいのでしょうか？

■売上高から人件費を推計して、時給を求めよう

1人当たり1時間当たり限界利益を出し、そこからどの程度、利益を人件費に分配するのかを示す労働分配率を使って、時給を計算します。

計算の流れは、次のようになります。
①1日当たり限界利益を推計する
②人時生産性（1人当たり1時間当たり限界利益）を推計する
③労働分配率を想定して、人件費総額を推計する

①1日当たり限界利益を推計する

1日の売上高は、客単価×客数で求めます。これは簡単ですね。1,000円で客数100名ですから、10万円が1日当たり売上高になります。

消耗品や水道代などを変動費と考えて、限界利益率は95％と非常に高いと推計します。すると、1日当たり限界利益（付加価値）は、次のようになります。

$$10万円 \times 95\% = 95,000円（1日当たりの限界利益）$$

②人時生産性(1人当たり1時間当たり限界利益)を推計する

95,000円を8時間で割ると1時間当たりの限界利益11,875円が求まります。1時間当たり限界利益を従業員3名で割ると、1人当たり1時間当たり限界利益(人時生産性)3,958円です。

③労働分配率を想定して、人件費総額を推計する

限界利益(付加価値)のうち人件費に分配する割合を示す労働分配率を想定します。今回は概算なので、全業種の労働分配率の平均値である50％を使って計算してみましょう。自分の会社で計算するときは、自分の会社の予定労働分配率を使ってください。

人時生産性3,958円×労働分配率50％＝1,979円

この1,979円は何を意味するのでしょうか。この数字は、従業員1人当たりに支払える人件費になります。しかし、人件費には会社が負担する社会保険などの法定福利費や福利厚生費も含まれます。会社負担分の法定福利費や福利厚生費は、大手企業は比較的大きく、中小企業で小さくなります。ここでは小さく見積もって、1,979円が、**給与・賞与の1.2倍程度の法定福利費等を含んだ人件費総額**、と考えて計算しましょう。

すると1,979円÷1.2＝1,649円が、従業員に提示する時給の上限と推計されます。したがって、この金額までは時給を上げてよいと考えられます。

④年収を確認してみよう

せっかくですので、年収まで計算してみましょう。年収は、時給×1日の労働時間×月間営業日数×12か月で計算します。月間営業日数は、25日とします。すると以下のような結果になります。

1,649円×8時間×25日＝32万9,800円(月収)
32万9,800円×12か月＝395万7,600円(年収)

■予定平均月収から雇用可能人数を求めて、何人まで雇用できるのかを判断する

では、この人件費は妥当でしょうか？　人件費の総額を求めた後、雇

用可能人数を算出することで確認します。

　計算の流れは、下記のようになります。
❶1日当たりの人件費総額を求める
❷予定月給から必要人件費（1日当たり）を求める
❸雇用可能人数を求める

❶1日当たりの人件費総額を求める

　1日当たりの限界利益は95,000円でした。これに労働分配率50％を乗じて人件費総額を求めます。ここまでは、165ページ①と同じです。

> 95,000円×50％＝47,500円（1日当たりの人件費総額）

❷予定月給から必要人件費（1日当たり）を求める

　8時間フルタイムで働いた人に月30万円を支払うとすると、1日当たり12,000円（30万円÷25日）の人件費になります。

　12,000円には、会社負担の法定福利費などが含まれないので、1.2倍して人件費総額を算出します。

> 12,000×1.2＝14,400円（会社負担の1日当たり1人当たり人件費）

❸雇用可能人数を求める

　1日当たり人件費総額÷会社負担の1日当たり1人当たり人件費で雇用可能人数を求めると、47,500円÷14,400円＝3.3人となります。

　月給30万円で人が採用できるなら、時間帯でうまくローテーションを組めば回せそうですが、ぎりぎりの人数です。

> **POINT** 限界利益と労働分配率から時給を計算。時給の額や従業員数が妥当かどうかは「雇用可能人数」を出して分析する

補足：理美容、外食、小売など労働集約的なサービス業では、人時生産性は重要な管理指標です。人時生産性をアップさせることによって1人当たりの人件費を確保し、低価格でも利益を稼げる経営が実現できます。

5-4 増員したい！ そのとき営業所長はどう提案すべきか？
➡増員で増えるコストを回収できる売上予算を計画しよう

　営業所単位で予算を策定したり、提案を通すための数字を作る目的でも、管理会計は使われます。1つ例をあげてみましょう。

> **Question** 多摩営業所では、営業強化を目指して、1名の増員を本部に要求しています。本部では、昨年の収益性を維持し、売上を上方修正できるなら認める考えです。
> 　そこで、多摩営業所長は、最低限の売上高アップの目標を本部に提案するつもりです。このとき、どの程度の売上高を見積もればよいでしょうか？　ただし、1名の増員で、固定費が400万円増加する見込みです。

多摩営業所の変動損益計算書（昨年実績）

売上高	24,000万
変動費	16,800万
限界利益	7,200万
（限界利益率30％）	
固定費	6,000万
営業利益	1,200万
売上高営業利益率	5％

　限界利益率を利用して収益性を確保できる売上高を計算する方法と、損益分岐点比率から求める方法の2つがあります。

■「収益性を維持する」ことをどう考えるか

　収益性とは、投資額に対するリターン（利益など）の割合です。その代表的指標は、ROA（営業利益÷総資産）やROIC（営業利益÷〈自己資本＋有利子負債〉）です。しかし、総資産や自己資本のような貸借対

照表項目を営業所単位で管理している企業はほとんどありません。よってROAなどの収益性の指標を提案して、本部の要求に応えるのは難しいでしょう。

そこで、損益情報だけで収益性を考える必要があります。変動損益計算書から利用できる収益性の指標は、限界利益率30％と売上高営業利益率5％です。この2つの指標を維持しながら、**1名増員による固定費アップ額400万円をカバーできる目標売上高を決めればいいわけです**。

■売上高固定費比率に注目して、必要な売上アップの額を判断する

固定費＋営業利益は、限界利益となりますね。下の図5-2を見てください。限界利益率が30％で、売上高営業利益率5％ですから、売上高固定費比率は25％になるわけです。よって、400万円÷25％で、達成しなければならない売上高を逆算すると1,600万円です。1名の増員で、1,600万円の売上アップがあれば、いいわけです。以上が1つ目の方法です。

5-2　固定費、利益、限界利益の関係

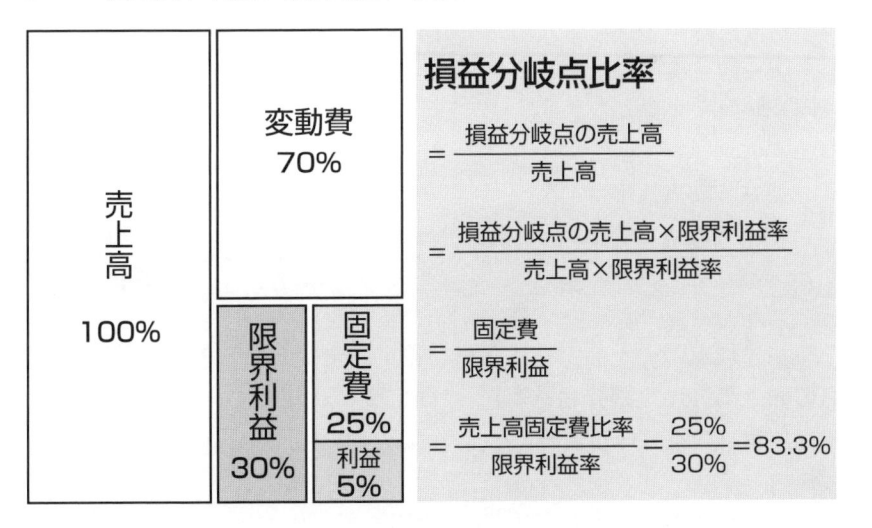

売上高 100%	変動費 70%	
	限界利益 30%	固定費 25%
		利益 5%

損益分岐点比率

$$= \frac{損益分岐点の売上高}{売上高}$$

$$= \frac{損益分岐点の売上高 \times 限界利益率}{売上高 \times 限界利益率}$$

$$= \frac{固定費}{限界利益}$$

$$= \frac{売上高固定費比率}{限界利益率} = \frac{25\%}{30\%} = 83.3\%$$

予定変動損益計算書を作って確認してみましょう。

```
1名増員したときの変動損益計算書
 売上高      25,600万 (24,000万 + 1,600万)
 変動費      17,920万                    → 1名増員したときに
                                            必要な売上アップ額
 限界利益     7,680万 (25,600万 × 0.3)
(限界利益率 30％)
 固定費      6,400万 (25,600万 × 0.25) → 売上高固定費比率
 営業利益     1,280万 (25,600万 × 0.05)
売上高営業利益率 5％
```

■損益分岐点比率に注目して、必要な売上アップの額を判断する

次に損益分岐点比率から求める方法を紹介します。すなわち、現状の損益分岐点比率でどれだけの売上を達成すれば、増員に伴うコストの増加分をカバーできるかを計算します。これまでの損益分岐点比率を算出した後、増加に伴って必要となる限界利益を出せば、わかります。

①1名増員前の損益分岐点比率

損益分岐点比率は、限界利益に占める固定費の割合です。
まずこのことを以下の式から理解しましょう。
限界利益率をmとします。

$$損益分岐点比率 = \frac{損益分岐点の売上高}{売上高} = \frac{損益分岐点の売上高 \times m}{売上高 \times m} = \frac{固定費}{限界利益}$$

損益分岐点の売上高では、限界利益＝固定費となるので、「**損益分岐点の売上高×m（限界利益率）」＝固定費**になります。この考え方は、損益分岐点の本質的な理解につながるものですが、計算も早くできるので便利です。

1名増員前の損益分岐点比率は、固定費6,000万円÷限界利益7,200万円＝83.3％となります（169ページ図5-2）。

②固定費の増加に伴って、必要になる限界利益は？

　固定費400万円が増加しても、損益分岐点比率83.3％を維持するために必要な限界利益を求めてみましょう。

　計算は次のようになります。

　　　　固定費400万円÷83.3％＝480万円（必要限界利益）

そして、480万円の限界利益を稼ぐ売上高を求めると、

　　　　480万円÷限界利益率30％＝1,600万円（増加すべき売上高）

　結局、限界利益率30％、売上高営業利益率5％、損益分岐点比率83.3％と前年並みを堅持して、1,600万円の売上高アップを図る具体的な販売計画を提案できれば、増員要求の説得力も増すはずです。本部からは、計数感覚のある営業所長として、評価もアップするでしょう。

> **POINT** コスト増に伴って達成しなければならない利益を、損益分岐点比率を維持するという発想で計算する方法がある

5-5 次期の利益計画（予算）はどんな手順で作るのか？
➡ 必要売上高を求める公式で考えよう

次に、正しい予算の立て方を考えてみましょう。意外と間違った予算の立て方をしている方も多いかもしれません。

Question 次期の利益計画（予算）を作成する場合、どのような順番で決定していくべきかよく考え、以下の項目を並べ替えなさい。

目標売上高　　仕入予算　　目標利益　　固定費予算　　販売計画

■必要売上高を求める公式は？

目標利益を達成するための必要売上高は、以下の公式で求めます。

$$必要売上高 = \frac{固定費予算 + 目標利益}{限界利益率}$$

ここでは、目標利益を営業利益と考えて説明します。

必要売上高とは、固定費予算をカバーして、目標利益を達成できる売上高です。目標利益がゼロの場合、必要売上高は、**損益分岐点の売上高**となりますね。

公式を記憶しているだけだと、このように手順を聞かれたとき、戸惑うのではないでしょうか。公式を鵜呑みにするのではなく、きちんとした理解をしておく必要があります。それが、この問題の狙いです。

では、固定費予算、目標利益、限界利益率は、どのような順番で決めればよいでしょうか。

■固定費予算、目標利益、限界利益率の決定順は？

望ましいのは、**目標利益⇒（総合）限界利益率⇒固定費予算**の順です。この流れは、トップダウンで目標利益を決め、それを前提に販売計画を立て、セールスミックスによって限界利益率が決まることを前提としています。

また販売計画は現場で、目標利益はトップダウンで行なうと考えて、**限界利益率⇒目標利益⇒固定費予算**と考えてもいいでしょう。

なお、限界利益率⇒固定費予算⇒目標利益と考えた人は、限界利益−固定費＝目標利益という計算式を思い浮かべていませんか。ビジネスの流れと計算の流れは、異なることが多いので注意しましょう。

■次期の利益計画（予算）の流れ

経営戦略が策定され、それに基づく設備投資やM＆Aなどの**投資計画**があることを前提にすると、利益計画はおおむね下の図5-3のような流れになります。なお、投資計画の採算を検討し、意思決定する方法や投資計画を加味した中期的な利益資金計画（戦略的意思決定）については、第6章で説明していますので、参照してください。

5-3　利益計画の作成モデル

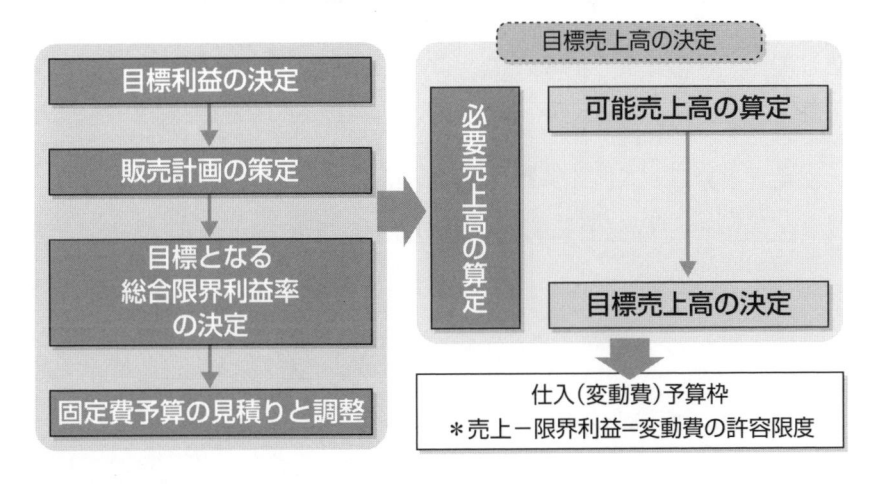

```
┌─────────────────┐
│   目標利益の決定    │
└─────────────────┘
         ↓                          ┌─目標売上高の決定─┐
┌─────────────────┐        ┌─────────────────┐
│   販売計画の策定    │   必    │   可能売上高の算定  │
└─────────────────┘   要    └─────────────────┘
         ↓             売              ↓
┌─────────────────┐   上    ┌─────────────────┐
│    目標となる      │──→上    │   目標売上高の決定  │
│  総合限界利益率     │   高    └─────────────────┘
│    の決定         │   の                ↓
└─────────────────┘   算   ┌──────────────────────┐
         ↓             定   │  仕入（変動費）予算枠      │
┌─────────────────┐        │ ＊売上−限界利益＝変動費の許容限度 │
│ 固定費予算の見積りと調整 │        └──────────────────────┘
└─────────────────┘
```

①目標利益の決定

次期の目標利益は、トップダウンで決めるべきです。その際には、

ROA（総資産利益率）やROE（自己資本利益率）などの収益性を表わす指標を使うと、貸借対照表との連動性が加味され理想的です。

　たとえば、目標ROA（総資産営業利益率）5％、設備投資後の総資産100億円とすると、5億円（総資産100億円×5％）が目標利益として決定されます。その後、目標利益5億円を達成するための販売計画を立案するのです。

②販売計画の策定⇒（総合）限界利益率の決定

　部門別（商品、製品、サービス、エリア、事業ドメインなどの部門を想定）の販売計画の立案を行ないます。

　顧客動向、競合動向、経済動向などの**外部環境**、自社の生産能力、販売力などの**内部環境**を加味して、販売目標を決めていきます。

　たとえば、各製品の市場規模×目標シェアで、大まかな売上目標が決まります。製品ごとの予定限界利益率を決めておき、それぞれの売上高の構成比（**セールスミックス**）が決まれば、全社の目標となる**総合限界利益率**が決定されます。各売上構成割合×各限界利益率の合計が、総合限界利益率になります。

③固定費予算の見積り

　固定費予算を見積もるということは、**活動計画を立てる**ことです。販売計画や目標利益が決まらないのに、活動計画を立てられるでしょうか。もし固定費予算が、販売計画や目標利益とは関係なく決められるとしたら、それは経営ではありません。

　固定費予算は、**人件費予算、販売費予算、その他固定費**に分けて考えるといいでしょう。

ア．人件費予算

　必要人員などを考慮して人件費総額を決めますが、予定労働分配率（会社が目標とする労働分配率で、方針として経営者が決めます）を使って総額の伸びをチェックするといいでしょう。下の式を使って、最大限支払える人件費（許容人件費）を求めます。

予想限界利益×予定労働分配率＝許容人件費

許容人件費を上限に設定して、各部門の人件費合計をコントロールすることで、総人件費を抑えることができます。

イ．販売費予算

販売費は、管理会計上、2つに分類できます。広告費や販売促進費のように売上を上げるための必要経費である**売上獲得費**、商品を顧客へ届ける際に必要になる物流費（人件費を除く）や外注費などの**売上実行費**です。売上獲得費は、変動費的なイメージがありますが、多く使ったから売上高が多くなるとは限らない（売上高と連動しない）ので、性格は固定費です。これに対して売上実行費は、売上と連動する変動費です。

販売費予算は、売上獲得費予算のことで、**具体的な販促計画の裏付けが必要**です。つまり、「このような販促にいくら使うから、これだけの予算が必要である」ということを具体的に示す必要があります。「販促費は売上高の何％」というような大雑把な設定は、無駄な予算を生むことになるので注意しましょう。

ウ．その他固定費

減価償却費、リース料、地代家賃などの**設備費**は、既存設備から求めます。新規設備投資計画があるときは、そこから発生する設備費を加算します。このほか、会議費、交際費、事務用品費など金額が大きいものを優先して見積もります。細かいものは「その他」としてまとめます。すなわち**金額が大きいものは個別に見積もり、細かなものは「その他」としてまとめればよい**のです。

④必要売上高⇒可能売上高⇒目標売上高の決定（176ページ図5-4）

目標利益、（総合）限界利益率、固定費予算が決まれば、必要売上高が計算できます。ここで注意すべきことは、**算出された必要売上高が、実現可能かどうか**を検討する必要がある点です。

必要売上高が100億円なのに、市場規模1,000億円で目標シェア7％なら、70億円が可能売上高です。すると必要売上高100億円は、可能売上高70億円の1.43倍となり、実現可能性に問題がありますので、再検討が必要です。

5-4 目標売上高の決定

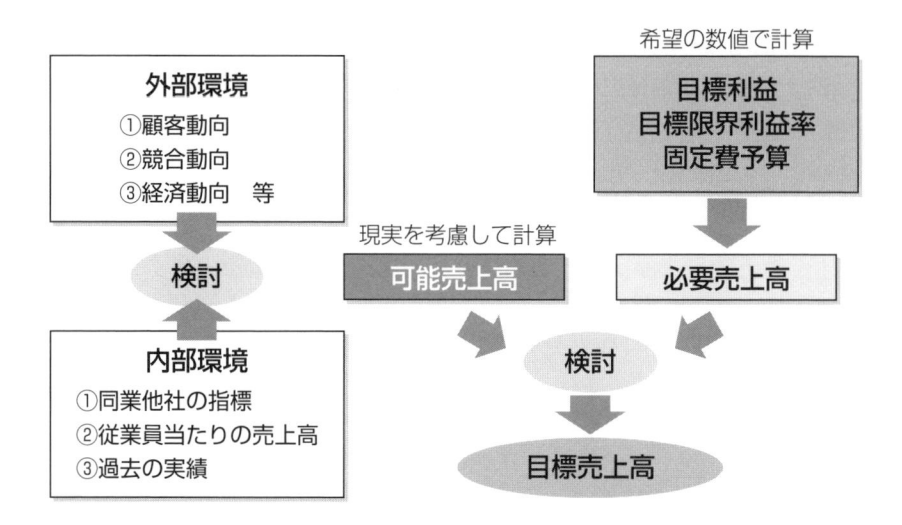

```
外部環境
①顧客動向
②競合動向
③経済動向　等
        ↓
       検討
        ↓
内部環境
①同業他社の指標
②従業員当たりの売上高
③過去の実績

希望の数値で計算
目標利益
目標限界利益率
固定費予算
        ↓
現実を考慮して計算
可能売上高　　必要売上高
        ↓    ↓
         検討
          ↓
        目標売上高
```

　そこで、固定費予算、販売計画（限界利益率）を見直し、必要売上高を可能売上高より小さくする必要があります。または、可能売上高をアップする策を考える必要があります。

　なお、このような状況では、目標利益を下げることを考えがちですが、実際には、目標利益は成長戦略に基づいてトップダウンで決めているので、簡単に変更することはできないと思います。
　現実的には、販売計画と固定費予算を見直しても、必要売上高が可能売上高を下回らない場合、目標利益を下げる必要があります。この結果、ROAやROEの見直し、すなわち戦略の見直しが必要になるでしょう。

　以上のようなシミュレーションを通じて、**可能売上高≧目標売上高≧必要売上高の範囲**で、目標売上高を決めましょう。
　なお、目標売上高が必要売上高より大きいときは、最終的に固定費予算で調整せざるを得ません。目標利益、限界利益率での調整も考えられますが、これらは安易に変更すべきではないからです。

⑤仕入予算の決定

　仕入予算とは、製造業では、材料費、外注加工費、物流費（売上実行

費）の予算、流通業では、商品売上原価、業務委託費などの予算を意味します。すなわち変動費予算のことです。変動費予算は、以下のように決定します。

> 目標売上高－目標限界利益（固定費予算＋目標利益）＝仕入予算

　結局は、仕入計画（変動費予算）は、販売計画によって制約されることになります。以上が、短期の利益計画の代表的な流れです。それでは、当初の問題の解答を考えてみましょう。

■利益計画とマネジメントの流れは連動する

　さて、下が並べ替えの解答例です。

> 目標利益⇒　販売計画　⇒固定費予算⇒目標売上高⇒　仕入予算
> 成長戦略　マーケティング　活動計画　　営業目標　生産・仕入目標

　流れの下に示したのは、関係の深いキーワードで、マネジメントの流れでもあります。マネジメントの流れと利益計画の流れは連動している、または連動させて考える必要があることを理解してください。

　一連の流れは、経営企画室など経営トップにおいて全社の利益計画の基本方針を決定する場合に最適です。もちろん営業所などでの利益計画を策定するケースでも適用できます。

　この例は利益計画の1つのモデルケースですから、実際に適用するときは、この流れを参考にして、修正しながら活用してください。

> **POINT** 利益計画（予算）の流れは、経営の流れ（マネジメントサイクル）と一致する

実践コラム

業績管理の5つのステップ

　管理会計は、意思決定に必要な情報を提供します。その情報は**業績管理**の内容によって異なります。業績管理の内容は、企業の成長に伴って、5つのステップがあります。管理会計を利用するには、ステップごとの課題をクリアーしていく必要があります。下の図は、ステップの特徴を、管理レベル、経営課題、重点計数目標、キーワードという切り口でまとめています。創業した企業が、成長に応じて直面する業績管理上の経営課題と一致します。

　みなさんの会社が、どのステップにあるかを認識し、各ステップの課題をクリアーするにはどうすべきかを考える参考にしてください。

　ステップ1は、財務会計のデータ（過去データ）をきちんと作成できる**経理体制固め**の段階です。管理会計を行なうには、財務会計のデータが必要です。商品や顧客ごとの売上高と限界利益（粗利益）（率）については、日々データがわかるくらいのスピードが必要です。

　もう1つの課題は、**資金管理**です。資金が回らないと倒産してしまうからです。特に得意先別売上債権、仕入先別買入債務の管理が重要です。在

● **業績管理の5つのステップ**

	管理レベル	経営課題	重点計数目標	キーワード
ステップ1	財務会計	日々の経理体制と資金管理の徹底	限界利益（粗利益）運転資金	正確性 適法性
ステップ2	全社業績管理	毎月のタイムリーな全社業績把握	営業利益 営業キャッシュフロー	適時性
ステップ3	部門別業績管理	部門別の業績管理による経営幹部の育成	部門別営業利益 ROA	戦略性
ステップ4	次期利益・資金計画の導入レベル	計画性のある経営の始動	目標ROA フリーキャッシュフロー	計画性
ステップ5	戦略的中期計画の立案	戦略の再構築	企業価値 株主価値	先見性

庫はなかなかチェックできないのですが、販売機会損失を減少させるために必要です。会計事務所などの指導を仰ぎ、第1ステップの課題を数年でクリアーするようにしましょう。

ステップ2 は、管理会計をはじめて導入する段階です。全社レベルで、**月次決算**ができることが目標です。月次決算では、毎月の**変動損益計算書**を作成し、それと連動した貸借対照表を作成します。月次の業績がタイムリーにわかれば、年間ベースの利益計画を立案して、予算管理を行なう基礎ができます。業績としては、本業の儲けである営業利益を重視し、キャッシュフローは、本業の活動で生まれた営業キャッシュフローを重視します。

月次決算はスピードが命です。会計事務所から前月分の決算書が1か月ぐらい遅れて提供されるケースもありますが、これでは業績管理ができません。この段階では、自社で財務データの集計ができる体制（自計化）が必要です。これができるか否かが、第2ステップの関門です。

ステップ3 は、**部門別の業績管理**を行なう段階です。部門とは、営業所のように、責任者が管理する単位のことです。支店や営業所が複数ある企業の課題です。ステップ1・2の段階にある企業では、社長以外に会社を引っ張る人材が見当たらず、社長に意思決定が集中しているところが多いようです。そこからステップ3に移行するには、次の3つの課題をクリアする必要があります。

1つ目は、**人材の育成**です。人材育成は、ステップ1・2の段階でも必要ですが、ステップ3では、部門を任せられる人材（経営幹部）がいることが必要です。会社の組織をどのように作るのかという組織化が、企業の今後の成長を左右する段階にあるからです。

2つ目は、**部門別業績のタイムリーな把握と部門業績の従業員への公開**です。組織化とは、人を活用する仕組みです。人の活用のためには、部門成果の把握とそれを評価する仕組みが必要です。

業績の従業員への公開は、中小企業が中堅企業への脱皮ができるかどうかの分かれ道です。従業員の協力・貢献なくして、ステップ4以上へのレベルアップは難しいでしょう。

3つ目は、**成果配分**という考え方の導入です。成果を何で評価し、どう分配するかというルールが必要です。第5章で取り上げた、付加価値の分配という課題です。労働分配率（人件費÷限界利益）、資本分配率（利益

÷限界利益）などの目標設定が必要になります。

　ステップ３の課題を抱えながら、月次決算のスピードアップができない企業は多くあります。このような企業では、企業の成長に人の評価、人材育成が追いついていません。部門管理を整える前に、ステップ２の課題に戻ることが必要です。

　 ステップ４ は、**次期の利益計画や資金計画**を導入する段階です。第５章で取り上げたようなテーマを検討できるデータが揃い、予算策定を行ない、月次で予算と実績を比較して問題点を把握します。もちろん、部門単位で利益計画を立てます。さらに第６章で説明するような予想キャッシュフローを加えた資金計画も同時に行なう必要があります。

　このステップでは、幹部社員が育っているはずです。予算管理とは、部門責任者が業績達成に責任を持つということです。そのために、従業員を計画策定に参加させ、経営の勘を養成します。その結果、従業員が付加価値を高めることの本質を理解し、会社が成長できる基盤ができあがります。

　 ステップ５ は、さらなる成長のために**戦略投資**を行なう段階です。新市場参入、新製品開発、多角化などの新たな成長戦略が経営課題になるでしょう。３年から５年の**中期計画の策定**と次期利益・資金計画を組み合わせた業績管理が行なわれます。

　創業経営者１人では、これ以上の成長・発展は難しい段階です。ここへ来て、後継者の育成を怠っていたことに気付くことも多いでしょう。早い段階でこの問題を意識する必要があるのです。なおステップ５は、第６章の戦略的意思決定の内容と関連しています。ぜひ読んでください。

　成長できる企業とは、業績管理の５つのステップの課題を認識しながら、経営体制をレベルアップしていくことができる企業です。

第 6 章

戦略的意思決定に役立つ考え方

企業が成長していくためには、戦略を策定し、どのような方向へ進むべきかを決める必要があります。たとえば、M＆A、工場や店舗への投資の意思決定などにも管理会計が活用できます。最後に、このような戦略的意思決定（中長期の意思決定）に役立つ管理会計のポイントを学びましょう。

6-1 キャッシュフロー重視時代の「利益の役割」とは何か

➡ 利益とキャッシュフローの役割の違いを理解しよう

POINT 利益は、1年以内の短期業績の判断に使い、フリーキャッシュフローは、複数期間にわたる戦略的な投資判断に使う

■利益とフリーキャッシュフローに違いが出る理由

これからの説明は、第1章（1-5）の内容をもとにしています。25ページの図1-6を下に再び掲載しました。

1-6　ある会社での3年間の業績推移

	スタート	1年度	2年度	3年度	3年合計
売上高		200	300	400	900
費　用		110	200	300	610
減価償却費		60	60	60	180
営業利益		30	40	40	110
設備投資（5年で償却）		▲300			
在庫	0	0	0	40	
売掛金	0	0	0	10	

　1章（1-5）では、投資の採算判断については、利益ではなく、フリーキャッシュフローを使うことが合理的であると説明しました。

　では、フリーキャッシュフローを使うなら、利益は一体どのような意義があるのでしょうか。現実には、営業現場などでは、利益を目標にして活動していますね。

　利益とフリーキャッシュフローの違いを生んでいるのは、**設備の残存価額と在庫と売掛金の存在**です。

　3年度末の貸借対照表には、設備投資（固定資産）の残存価額120（設備投資300－3年間の減価償却費180）が表示されます。残存価額

120は、4年度と5年度に各60が償却されて、5年度末でゼロになります。

もしこの会社が3年度末で倒産したら、どうなるでしょう。残存価額120は、設備除却損として、特別損失に計上されます。さらに、在庫40が廃棄され、売掛金10も回収不能になったとします。そうすると、在庫除却損40、貸倒損失10が損益計算書に計上されることになります。利益は、一挙に▲60（3年度末の利益110－在庫除却損40－貸倒損失10－設備除却損120）の損失に変わります。利益110が、損失▲60に一挙に変化します。

注目すべき点は、3年度合計のフリーキャッシュフロー▲60と事業が廃止された場合の最大の損失▲60が一致している点です。これは偶然の一致ではありません。ここに利益とフリーキャッシュフローの違いがあります。利益の計算では、設備の残存価額、在庫、売掛金が控除されていません。これらはまだ現金で回収されていないからです。これが、違いが出る理由です。

■ **利益は、経営が正常に推移しているときは役に立つ**

経営環境は、急激に変化します。最高益を更新した翌年に、過去最大の損失ということも起こり得ます。

また、第1章の例で考えてみましょう。

1-9 ある会社のキャッシュフロー

	スタート	1年度	2年度	3年度	3年合計
売上高		200	300	400	900
費用		110	200	300	610
減価償却費		60	60	60	180
営業利益		30	40	40	110
在庫	0	0	0	40	
売掛金	0	0	0	10	
営業キャッシュフロー		90	100	50	240
投資キャッシュフロー		▲300	0	0	▲300
フリーキャッシュフロー		▲210	100	50	▲60

図1-9の例では、3年度の末で倒産ということになりました。
　その原因は、残存価額120（設備投資の未償却額）、在庫40、売掛金10、です。これらは貸借対照表の資産です。**貸借対照表の資産には、損失が隠れている**ということです。在庫除却損、貸倒損失、設備除却損は、資産が損失になった例です。

　一方、フリーキャッシュフローは、これらの損失をすでに加味した指標です。
　経営状態が悪化している企業では、資産が損失になる可能性が高くなります。このようなときは、利益よりもフリーキャッシュフローで業績を評価するほうが、企業の状況をより適切に判断できます。
　経営環境が悪化して資産が損失になると、資産を多く持つ製造業、大手小売業、不動産業などでは、突然の大きな損失が発生する可能性が高まります。
　これに対して、経営環境が良好で、数年先も事業が正常に運営できることがハッキリしている企業では、資産が損失にならないので、利益で評価しても問題ないことになります。

　図1-9では、3年度累計で、フリーキャッシュフローは▲60、事業が廃止されても損失▲60で、採算はとれていません。しかし、事業が正常に進行していれば、在庫除却損40、貸倒損失10、設備除却損120は回避され、利益110が実現します。しかも、4年目以降も、経営が順調に推移するとしたら、売掛金10は翌年回収され、収入になります。在庫も販売されて40以上の収入を生みます。売掛金と在庫は3年度末ではキャッシュフローにマイナスに働いていますが、経営が順調である限り、4年目以降には、収入になって、キャッシュフローを増やすことに貢献します。

　以上から、利益での評価は、事業が順調に進んでいるときは有効ですが、先が不透明な時代には、キャッシュフローで、業績を評価する必要があります。

■利益は期間の業績、キャッシュフローは中長期の業績に役立つ

　フリーキャッシュフローを1年度、2年度、3年度の単年で計算すると、1年度▲210の大幅な赤字、2年度では投資がないので100の黒字、3年度も投資がないので50の黒字になっています（183ページ図1-9）。

　フリーキャッシュフローは、単年度で見ると、業績が大きく動きます。図1-9の例では、1年度に投資キャッシュフローが発生しているので、赤字額が大きくなっています。

　よってフリーキャッシュフローは、**単年度で分析するより、投資効果が出て投資の回収の判断ができる、中長期の累計値で分析する場合に有効**です。

　これに対して、**利益は1年度30、2年度40、3年度40と、徐々に採算がとれている状況を反映**していきます。単年度または4半期などの短期の業績を評価する場合には有効です。ただし、経営が正常に推移していることが前提ですが……。

　これまでの内容を理解できれば、設備投資などの中長期の展望が必要な経営判断（戦略的意思決定）には、キャッシュフローを使う必要があることがわかります。

　戦略的意思決定の中心となる**営業キャッシュフローのとらえ方、資本コストの意味、設備投資の採算計算**などについて、これから説明します。

6-2 営業キャッシュフローのとらえ方を理解しよう

➡ 間接法のとらえ方をマスターしよう

POINT 間接法では、利益をスタートにして営業キャッシュフローを計算する

■投資額が回収できるかを営業キャッシュフローで考える

営業キャッシュフローは、投資額を回収する原資です。新規出店、設備の導入、研究開発、企業買収などを行なうには大きな投資（投資キャッシュフロー）が必要です。これらの投資を回収できるかを分析し、その投資を実施すべきか否かを決定することは、戦略的意思決定の典型的なテーマです。投資回収が長期になるので、長期的意思決定とも呼ばれます。営業キャッシュフローを理解することで、戦略的意思決定の考え方を理解するスタートにしてください。

■間接法による営業キャッシュフローのとらえ方

営業キャッシュフローは、営業収入から営業支出を引いてとらえることができます。しかし、営業キャッシュフローをとらえるときに図6-1のような間接法による把握方法を理解していると、キャッシュフローを予想するときに役立ちます。そのためには、間接法の特徴を知るのが近道です。

6-1 営業キャッシュフローのとらえ方（間接法）

```
営業キャッシュフロー
    ＝営業利益－法人税・住民税の支払＋減価償却費
                                （非資金費用）
        －売上債権・在庫の増加（減少は＋）
        ＋買入債務の増加（減少は－）
```
　　　　　　　　　　　　　　　　　運転資金の調達高の増減

(注)運転資金の調達高＝売上債権＋在庫－買入債務

183ページ図1-9を見てください。各年度の営業キャッシュフローは、以下のよう計算することができます（直接法）。

> 1年度　　売上高（収入）200 − 費用（支出）110 = 90
> 2年度　　売上高　　　　300 − 費用　　　　200 = 100
> 3年度　　売上高400 − 費用300 − 在庫40 − 売掛金10 = 50

しかし、1年度の営業キャッシュフロー90は、営業利益30 + 減価償却費60でも求まります。同様に2年度の営業キャッシュフロー100は、営業利益40 + 減価償却費60で求められます。

3年度の50は、営業利益40 + 減価償却費60 − 在庫増加額40 − 売上債権増加額10で求めることができます。

このように**利益をスタートにして、営業キャッシュフローを算出する方法を間接法**と言います。企業の決算書では、よく見られる方法です。

間接法は、営業利益、減価償却費などの損益情報と、売上債権、在庫などの貸借対照表の情報から、キャッシュフローを求める手法です。

したがって、間接法は、ある期間の損益計算書とある期間のスタートと終わりの貸借対照表を予想できれば、その期間の予想キャッシュフローが計算できることを意味しています。すなわち、損益と売上債権や在庫などが予想できると、予想キャッシュフローが、間接法で自動的に計算できるのです。

間接法で営業キャッシュフローを計算する例から、営業キャッシュフローの特徴を見ていきましょう。

■減価償却費は、その金額だけ資金が残る

間接法では、営業利益に減価償却を加算して営業キャッシュフローを求めていました。では、なぜ減価償却費を加算するのでしょうか？

①減価償却費を加算する意味

毎年発生する60の減価償却費は、設備投資300がその源泉です。設備投資300を、スタート時に支出（投資キャッシュフロー）しています。

その後、設備は使用され消耗します。その消耗に応じて減価償却費を計上します。減価償却費が計上されるときは、すでに支出は行なわれた

後で、それに関する支出はありません。減価償却費は計算上の費用です。このように資金の支出を伴わない費用を**非資金費用**とか、**非資金性費用**と呼びます。減価償却費は非資金費用の代表です。非資金費用は、資産の評価損、貸倒引当金繰入など、たくさんありますが、減価償却費を特に取り上げるのは、金額が大きく、投資に関連して発生する費用だからです。

売上収入で増えた資金は、費用の支出分を差し引いて営業利益として残ります。よって**営業利益は、その金額相当分だけ資金を増やします**。

減価償却費は、営業利益を減らしますが、資金は流出しません。つまり、計算上は営業利益が減っていますが、資金としては残っているので、売上収入で増えた資金（営業キャッシュフロー）は、減価償却費相当分だけ、企業内に残ることになります。

したがって、営業利益で資金は増え、減価償却分も資金は残るため、営業キャッシュフローは、営業利益に減価償却費を加算して求めるのです。

6-2　減価償却を加算する理由

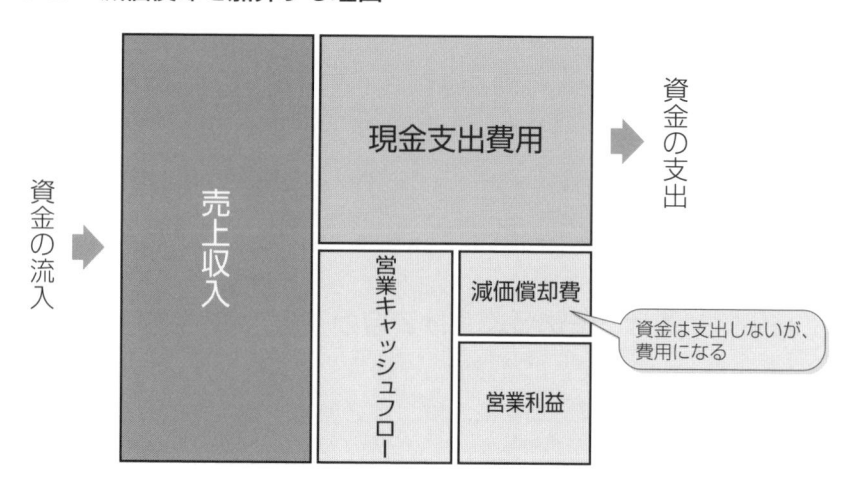

[図：資金の流入→売上収入。売上収入から現金支出費用が資金の支出として出ていき、残りが営業キャッシュフロー（減価償却費＋営業利益）となる。減価償却費には「資金は支出しないが、費用になる」との注記。]

②減価償却費を減らすと営業キャッシュフローは増加する？

186ページ図6-1の間接法の式だけ見ると、減価償却費を減らすと営業キャッシュフローは増加すると誤解する人もいますが、それは違います。減価償却費を減らすと営業利益が増えるので、営業利益＋減価償却

費でとらえる営業キャッシュフローは変化しません。（試しに182ページ図1-6で3年度の減価償却費を40に減らして計算してみると、売上高400－費用300－減価償却費40で営業利益は60に増えることになります）。逆に減価償却費が増えれば、営業利益は減少します。結局、営業利益と減価償却費の合計だけ営業キャッシュフローが増えるのです。

■売上債権の増加は、その額だけ資金を減らす

売上債権（受取手形と売掛金）、在庫、買入債務（支払手形と買掛金）の増減も、営業キャッシュフローに大きく影響します。

まずは、売上債権の増加の影響を考えてみましょう。

●当期売上高200（売上高のうち40は掛売上）
・前期末売掛金30（当期に回収された）
・当期仕入額180（仕入はすべて現金。すべて販売され在庫はない）

●まず、直接法（収入－支出でとらえる方法）で計算してみよう

①利益を計算する

売上高200－売上原価（当期仕入額）180＝利益20……ア

②収支（営業キャッシュフロー）を直接法で計算する

単純に売上高で計算するだけでは、掛売等があると、正確なキャッシュフローをとらえられません。ここでは、それを加味して営業キャッシュフローを計算してみます。

売上高200－掛売上40＋前期分売掛金の入金30
　　＝売上収入（売上による収入）190

仕入支出（仕入による支出）は180ですから、

売上収入190－仕入支出180＝営業キャッシュフロー10……イ＊

（＊）イのように、収入－支出でキャッシュフローをとらえる方法を**直接法**と言います

③損益と収支の差を確認する

　ア－イ（利益20と収支10の差）は10。この差は売掛金の増加額です。当期末売掛金40－前期末売掛金30で、売掛金が10増加していることを意味します。

●間接法で営業キャッシュフローをとらえると……

　利益20－売掛金の増加10＝営業キャッシュフロー10となります。

　この計算は、「利益20だけ営業キャッシュフローは増加するが、売掛金が10だけ増加したので、その分減ってしまった」と考えるのが正確です。理解しやすいイ（直接法）の計算結果と、この間接法の結果は、一致していることを確認してください。

> **POINT** 営業キャッシュフローを計算するときは、売上債権の増加額は、利益から差し引く（減少額は、利益に加算する）

■在庫の増加は、その額だけ資金を減らす

次に、在庫の増加の影響を以下の例で考えてみましょう。

●当期売上高140（すべて現金売上）
・前期末在庫10、当期仕入額100、当期末在庫30（仕入はすべて現金仕入）

①利益を計算する

　前期末在庫10＋当期仕入額100－当期末在庫30＝売上原価80
　売上高140－売上原価80＝利益60……ウ

②収支（営業キャッシュフロー）を直接法で計算する

　売上収入*140－仕入支出（当期仕入額）100＝営業キャッシュフロー40……エ

（＊）売上収入は、売上高のうち収入になった分です。すべて現金売上なら、売上高と売上収入は一致しますが、通常は一致しません

③損益と収支の差を計算する
　ウーエ（利益60と収支40の差）は20。この差は在庫の増加額です。当期末在庫30－前期末在庫10で在庫の増加は20となります。

●間接法で営業キャッシュフローをとらえると……
　利益60－在庫の増加20＝営業キャッシュフロー40となります。
　エ（直接法）の計算結果と一致します。
　在庫の増加分だけ営業キャッシュフローが減っています。

> **POINT** 営業キャッシュフローを計算するときは、在庫の増加額は、利益から差し引く（減少額は、利益に加算する）

■買入債務の増加は、その額だけ資金を増やす

買入債務の増加の影響を以下の例で考えてみましょう。

●当期売上高300（すべて現金売上）
　・前期末買掛金20（当期にすべて現金で支払った）
　・当期仕入額200はすべて販売された（仕入のうち60は掛仕入
　　＝買掛金が発生）

①利益を計算する
　売上高300－売上原価（当期仕入額）200＝利益100……オ

②収支（営業キャッシュフロー）を直接法で計算する
　売上収入300
　当期仕入額200－掛仕入60＋前期末買掛金20＝仕入支出160

　よって
　売上収入300－仕入支出160＝営業キャッシュフロー140……カ

③損益と収支の差を計算する
　カーオ（利益100と収支140の差）は40。この差は買掛金の増加額で

す。当期末買掛金60 － 前期末買掛金20で、買掛金の増加は40です。

●間接法で営業キャッシュフローをとらえると……
　利益100 ＋ 買掛金の増加40 ＝ 営業キャッシュフロー140となります。カ（直接法）の計算結果と一致します。
　買掛金の分だけ営業キャッシュフローが増えています。

> **POINT** 営業キャッシュフローを計算するときは、買入債務の増加額は、利益に加算する（減少額は、利益から差し引く）

　買入債務の増加は、支払をしない額を増やしているのですから、資金は増える方向に影響するわけです。売上債権や在庫の増加とは、逆の影響が出ることに注意してください。

■ 運転資金の調達高の増加は、その額だけ資金を減らす

　これまで間接法を理解するために、1つの要素（在庫など）に注目して単純な動きで考えてきました。現実は、複数の動きが同時に起こるために、資金の動きが見えにくくなっています。
　売上債権と在庫と買入債務の3要素を使った指標が、運転資金の調達高です。運転資金の過不足を示す運転資金の調達高は、以下の式で表わされます。＋の場合は不足する運転資金を示し、－の場合は余る資金を示します。

運転資金の調達高 ＝ 売上債権 ＋ 在庫 － 買入債務

　運転資金の調達高は、189ページから説明してきた3つの要素が複雑に絡んでいます。しかし1つひとつの影響を理解できていれば、運転資金の調達高が増加したとき営業キャッシュフローにどう影響するか、わかりますね。

①運転資金が不足する代表的なケース
　運転資金の調達高がプラス（「売上債権＋在庫」＞買入債務）で、しかもそのプラスが増加していくケースで考えてみましょう。運転資金の

調達高が増加するということは、売上債権（受取手形や売掛金）や在庫の増加スピードが、買入債務（支払手形や買掛金）の増加を上回っているケースです。

この場合、図6-3にあるように、**増加額Aだけ、営業利益で増えるはずの営業キャッシュフローが減少**します。

売上高を拡大させる過程では、運転資金の調達高の増加が起こって、資金不足に陥ることは、よくあります。特に、建設業、製造業、卸売業、小売業などではよく問題になります。売上債権や在庫管理を行なわないときや、徹底できないときに、この状態に陥ります。こうした管理をしっかり行なうことが必要です。

6-3 運転資金が不足する代表的なケース

運転資金の調達高の**増加額A**は、営業キャッシュフローを**減少させる**

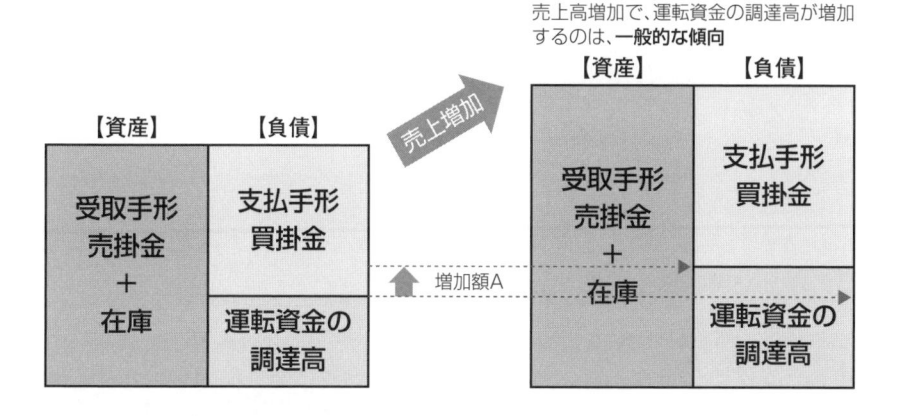

売上高増加で、運転資金の調達高が増加するのは、**一般的な傾向**

【資産】受取手形 売掛金 + 在庫 ／ 【負債】支払手形 買掛金 ／ 運転資金の調達高

売上増加 → 増加額A

【資産】受取手形 売掛金 + 在庫 ／ 【負債】支払手形 買掛金 ／ 運転資金の調達高

②運転資金に余裕が出るケースⅠ

運転資金の調達高がプラスでも、その額が減少する場合があります。これは、売上債権を速やかに回収して現金化できていたり、販売がうまくいって在庫が減っているというケースです。このとき、営業キャッシュフローは増加します。正確に言えば、194ページ図6-4にあるように、**運転資金の調達高が減少した額（減少額B）だけ、営業キャッシュフローは増加**します。このケースは、売上債権や在庫の管理がうまくいっている場合で、望ましい傾向です。

売上高を増加させながら、運転資金の調達高を減少させることは、な

かなか難しく、経営の重要課題です。情報システムを活用した業績管理と現場の社員の意識向上によって、このような状況を生み出せます。

6-4　運転資金に余裕が出るケースⅠ

運転資金の調達高の**減少額Bだけ、営業キャッシュフローを増加させる**

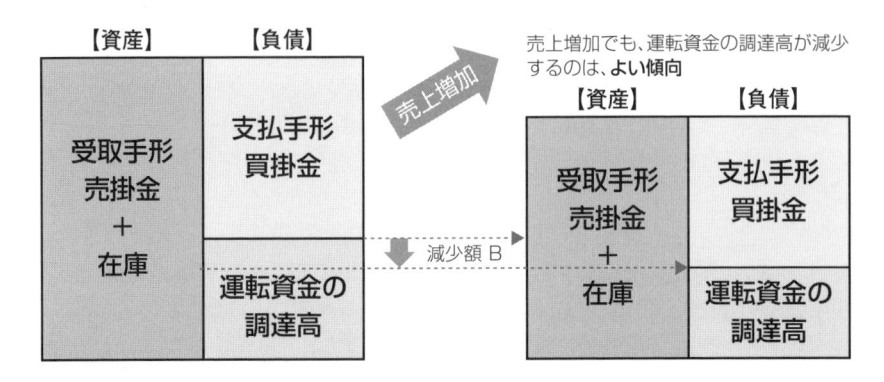

売上増加でも、運転資金の調達高が減少するのは、**よい傾向**

【資産】受取手形・売掛金＋在庫　【負債】支払手形・買掛金、運転資金の調達高

減少額 B

③運転資金に余裕が出るケースⅡ

　自社の支払が後になる（買入債務が多い）ため、手元の現金が減らないで、運転資金に余裕のあるケースもあります。この状況は、運転資金の調達高が「マイナス」になった状態です。支払をさらに遅らせれば、このマイナス額は増加します。図6-5で言うと、**マイナス額が増加したCの部分だけ、資金は増加**します。

　このようなケースは、在庫や売上債権をあまり持たないが、買入債務は発生する飲食業などのサービス業でよく見られます。仕入代金は、1か月程度の掛仕入で、売上代金の受取りは現金という状況では、短期的には、売上高を上げれば上げるほど手元に資金が残ります。

　売上高が増加して、運転資金の調達高のマイナス額が増えれば、ますます手元資金は増えるので、資金管理に甘さが出ます。飲食業が、比較的参入可能な理由の1つに、運転資金に余裕ができる点があげられます。しかし、食事の味が悪く、お客が来なければ、すぐに営業利益がマイナスになり、徐々に手元資金は減少して、経営は窮地に陥るでしょう。何事も本業で強みを発揮することが大切です。

6-5　運転資金に余裕が出るケースⅡ

運転資金の調達高が**マイナス**のときは、その**マイナスの増加額C**だけ、営業キャッシュフローを**増加させる**

> 売上増加でも、マイナスの運転資金の調達高が増加すると、資金に余裕ができるので**よい傾向**

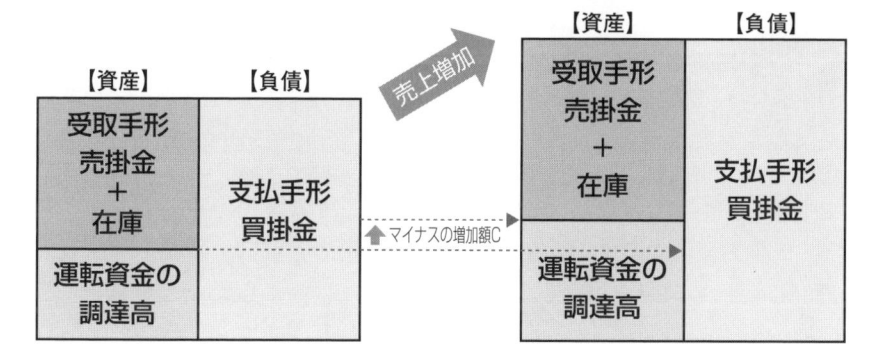

【資産】　【負債】

受取手形
売掛金
＋
在庫

支払手形
買掛金

運転資金の
調達高

→売上増加→

【資産】　【負債】

受取手形
売掛金
＋
在庫

支払手形
買掛金

運転資金の
調達高

↑マイナスの増加額C

■ 税金の支払は、営業キャッシュフローを減少させる

　この点は、細かい説明は不要ですね。税金の支払を少なくすればいいのです。法人税等の税率が下がれば、営業キャッシュフローは増えることになります。これは、国の財政問題と関係します。なお脱税は非合法ですが、税法の特典などを使った節税（税金の節約）は合法です。

【間接法で、営業キャッシュフローの動きを見る場合の特徴】

　　以下は、各科目が増加したケースで説明している。
・営業利益の金額だけ資金は増える
・減価償却費の金額だけ資金は残る
・売上債権の増加額だけ資金は減る
・在庫の増加額だけ資金は減る
・買入債務の増加額だけ資金は増える
・運転資金の調達高の増加は、その分だけ資金が減る
・税金の支払は、その分だけ営業キャッシュフローを減少させる
　（注）各科目が減少した場合は、上記と逆の動きになります

6-3 営業キャッシュフローを予想する

➡ 間接法の項目を予想する

POINT 営業キャッシュフローを予想することが、投資の採算判断のスタート。なぜなら、投資額を回収する原資は、営業キャッシュフローだから

　間接法を理解できれば、この公式を利用して営業キャッシュフローを予想できます。営業キャッシュフローを予想できれば、新規の設備投資の回収はどのくらいの期間で可能で、利回りはいくらかなどを算出できます。その結果、投資を行なうか否かを判断できます。
　そこで、営業キャッシュフローを構成する項目について、どの順番で予想すればいいのか、まとめてみました（計画期間は5年とします）。

(1) 投資計画に関連して初期投資額を算出する
　出店計画、工場建設計画、M＆A計画などを行なうときに、総投資額を見積もります。出店計画であれば、店舗建設費、土地の保証金、什器備品の購入額などの合計が総投資額です。

(2) 初期投資額に関連して、5年間の減価償却費を予想する
①新規設備投資計画に基づき、新たに発生する減価償却費を予想する
　実際は、設備ごとに耐用年数表などを参考にして計算します。
②既存設備があれば、既存設備の減価償却費を計算する
③上の①と②を足して、5年間分の全体の減価償却費を計算する

(3) 減価償却費を加味し、5年間分の損益計画を作成する
　投資計画によって、どのくらいの売上高が見込め、どの程度固定費（減価償却費を含む）が必要かなどを予想し、それらをまとめた変動損益計算書を作ります。主な手順は、次の通りです。

①市場分析により、予想売上高、予想限界利益（率）を算出する

②固定費計画として、人員計画、販促計画、その他固定費を見積もる
③変動損益計算書を作成して、営業利益を予想する
④税金(法人税等)を計算・控除し、税引後利益を予想する

(4) 5年間の必要運転資金(売上債権、在庫、買入債務)を予想する

これには2つの方法があります。キャッシュフローを予想するためには、どうしても必要な方法です。投資計画をはじめて学ぶ人に、ぜひ理解してほしいので、詳しく説明します。

①資産回転率を使って、売上債権、在庫、買入債務を予想する方法

たとえば、売上高を1,000から1,200に20%上げる計画を達成するために、在庫回転率を10回転から11回転にアップさせることにしたとします。在庫回転率は、売上高÷在庫金額で求められますから、これを変形すると、在庫金額=売上高÷在庫回転率となります。この式を用いて計算すると、在庫金額は100(1,000÷10回)から109(1,200÷11回)となり、9だけ増加することになります。

すなわち、在庫の増加額9だけ、営業キャッシュフローが減少するという予想が可能になります。

同様のことを、売上債権、買入債務について計画します。3つの要素が算出できれば、毎年の営業キャッシュフローの増減がわかり、間接法によって、営業キャッシュフローの予想をすることができます。

②簡便法として、運転資金の要調達率を使う方法

運転資金の要調達率は、売上高に対して**運転資金の調達高(正味運転資本)**がどのくらい必要かを示す指標です。業種別の経営指標や実際の企業データから、計画する事業の運転資金の要調達率がどのくらいになるか推測します。運転資金の調達高がプラスであるなら、その割合は売上高に対して資金が不足する割合を示しています。マイナスなら、資金が一時的に余る割合を示しています。

公式としては下記のようになります。

運転資金の要調達率(％)=運転資金の調達高÷売上高×100

たとえば、1年目の年間売上高が100億円あって、運転資金の要調達率が10％ならば、運転資金の調達高は、10億円（100億円×10％）です。10億円の意味は、運転資金が10億円不足するということで、何らかの資金手当てが必要なことを示しています。もし借入金で手当てするなら、10億円の借入が必要です。

2年目、売上高が、120億円に20％増加すると予想される場合、12億円（120億円×10％）の資金が不足します。すなわち新たに2億円（12億円−10億円）運転資金が不足するので、借入で手当てするなら、2億円を借増しする必要があります。

また、2年目は、売上アップ分20億円の10％（2億円）だけ、運転資金の調達高が増加するので、2億円だけ営業キャッシュフローは減少すると予想します。

つまり、利益＋減価償却費から、運転資金の調達高の増加額をマイナスすれば、予想される営業キャッシュフローが算出できます。

もし1年目の利益＋減価償却費＝50億円なら、営業キャッシュフローは、40億円（50億円−10億円）となります。

2年目の利益＋減価償却費が80億円なら、営業キャッシュフローは78億円（80億円−2億円）となります。この方法で、簡単に営業キャッシュフローを予想できます。

6-4

現在価値という考え方を理解しよう
→ 現在の100万円と2年後の110万円のどちらを選ぶ？

POINT 現在と将来の収支を考えるとき、単純な比較では、正しく判断できない。将来の収支の現在価値で判断する必要がある

5年にわたる予想キャッシュフローを使って、戦略的意思決定（投資の採算判断など）を行なうときなどには、時間価値という考え方が必要になります。

その考え方を、簡単な例で説明しましょう。

■今なら100万円、2年待てば110万円もらえる。どちらを選ぶ？

あなたは、今なら100万円もらえる権利があります。2年待てば110万円もらえます（投資案A）。あなたは、どうしますか。2年で10％増加するので、単純に2年後受け取ることを選びますか。

もし迷ったならば、あなたは**計数感覚**があります。なぜなら、何かと比較しようとしているからです。もっと有利な投資案件があれば、100万円をすぐに受け取って、もっと有利な投資に資金を向けるでしょう。この有利、不利を決定する基準が金利などの**利回り**です。

現在、安全性の高い（元本割れがない）金融商品の金利が年3％であるとします（投資案B）。投資案Aと投資案Bでは、2年後の受け取り額は以下のようになります。

（投資案A）
2年後に100万円が110万円になる

（投資案B）
1年後　100万円×（1＋0.03）＝103万円
2年後　103万円×（1＋0.03）＝106.09万円（注）
(注) 100万円×（1＋0.03）^{2}＝106.09万円と計算しても同じ

投資案Bは2年後には106.09万円になります。投資案Aは2年待てば110万円もらえます。投資案Aが有利な投資です。

なお、2年後に、経済が破綻して、もらえない可能性も考慮すべきだと考える人もいるでしょう。ここでは、そこまで考えないようにします。

■今なら100万円、2年待てば110万円もらえる。この利回りは？

では、今なら100万円、2年待てば110万円もらえる投資案Aの利回りはいくらでしょうか。

投資案Aの利回りをrとすると100万円×$(1+r)^2$＝110万円となるrを計算すればよいのです。

rが5％とすると、100万円×$(1+0.05)^2$＝110.25万円です。値が110万円より大きくなるので、rは5％より小さいようです。そこで、rを4.8％で計算すると、100万円×$(1+0.048)^2$≒109.83万円です。

rは、5％と4.8％の間にあるようです。このようにシミュレーションして計算すれば、rは約4.88％となります。

つまり、投資案Aの利回り4.88％＞投資案Bの利回り3％で、投資案Aの利回りは、投資案Bより1.88ポイント有利です。**投資判断では、利回りを意識する計数感覚が大切**です。

■1年を超える投資判断で使う「現在価値」という考え方

利回り4.88％を前提にすれば、2年後にもらえる110万円と、現時点の100万円は同じ価値なのです。利回り4.88％を前提にすれば、2年後110万円もらっても、今100万円もらっても、もらう人にとっては、損得ゼロということです。

2年後の110万円に対しての今の100万円を**現在価値**と呼びます。つまり現在価値とは、将来あるはずの金額は、現時点でいくらの価値であるか、を示すものです。**1年を超える投資判断（これが戦略的意思決定です）では、時間とともに価値（時間価値）が変化する**ので、その変化を考慮して判断することが必要です。

以上をまとめると、次のようになります。頭を整理してください。

6-6　現在価値と利回り

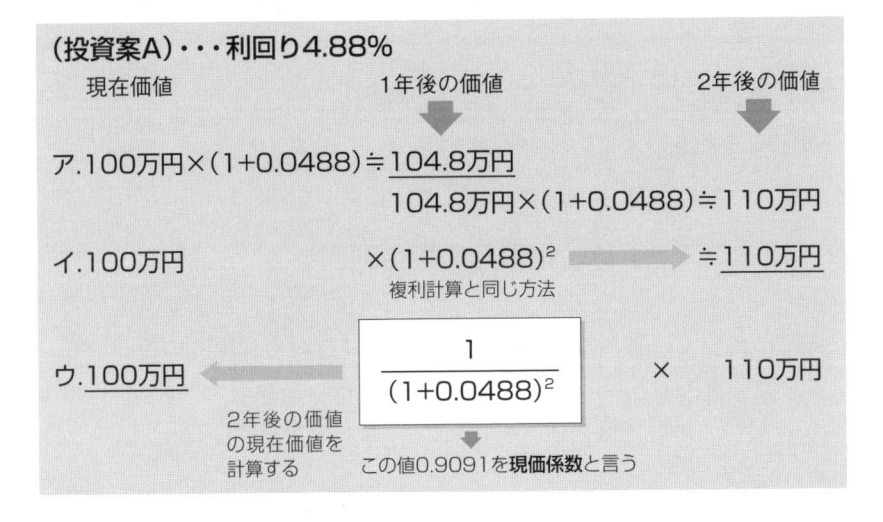

（投資案A）・・・利回り4.88%

| | 現在価値 | 1年後の価値 | 2年後の価値 |

ア．100万円×(1+0.0488)≒104.8万円
　　　　　　　　　　　　　　104.8万円×(1+0.0488)≒110万円

イ．100万円　　　　　×(1+0.0488)^2　　　　≒110万円
　　　　　　　　　　複利計算と同じ方法

ウ．100万円　←　$\dfrac{1}{(1+0.0488)^2}$　×　110万円

2年後の価値の現在価値を計算する

この値0.9091を**現価係数**と言う

利回り4.88%を前提にすると、以下の3つのように説明することができます。

ア．2年後の110万円の**現在価値（現価）**は、100万円
イ．100万円の2年後の価値（**終価**）は、110万円
ウ．上のア、イより、110万円と100万円は、**時間価値**を考慮すると**同じ価値**になる

現在価値は、一般的に以下のような式で計算します。

$$現在価値 = 現在価値を求めたいn年後の金額 \times \frac{1}{(1+利回り)^n}$$

110万円（2年後）の現在価値は、上の式を当てはめると、n＝2なので、110万円 × $\dfrac{1}{(1+0.0488)^2}$ ＝100万円となります。

$\dfrac{1}{(1+0.0488)^2}$ ＝0.9091 の 0.9091 を**現価係数**と言います。

6-5 資本コストとは何か

➡ 収益性の目標は、資本コストを参考にする

POINT 資本コストは、企業が目標とする目標投下資本利益率（ROIC）の指針となる

■「資本コスト」は、最低限の期待利回り

「今100万円を受け取るか、2年後に110万円を受け取るか」という意思決定において、重要な判断材料は、ほかに有利な利回りの投資がないかということでした。先ほどの例では、元本割れがない金融商品（投資案B）の利回りが年3％であったので、3％が判断基準になったのですね。

この金融商品の利回り3％は、「今100万円を受け取るか、2年後に110万円を受け取るか」という意思決定において**最低限期待する利回り（期待利益率）**で、この利回りを**資本コスト**と呼びます。つまり、期待利益率より大きければ「2年後に110万を受け取る」と判断できます。

2年後に110万円を受け取れる金融商品の利回りは4.88％でした。4.88％が有利か不利かは、これだけではわかりません。3％という判断基準があるから、4.88％が有利・不利かを判断できるのです。資本コストは、意思決定者において、最低限の期待利回りであり、投資の判断基準になるものです。

■企業が資本コストを意識しなければならない理由

企業は資本コストを意識しなければなりません。その理由を説明します。図6-7を参照しながら読んでください。

①資金提供者に対する報酬が資本コスト

企業は、金融機関（有利子負債）や株主からの出資（自己資本）で資金を集め、設備投資、企業買収（子会社株式の購入）などに投資し（投下資本）、利益を出します。

6-7　資本コストと投下資本利益率の関係

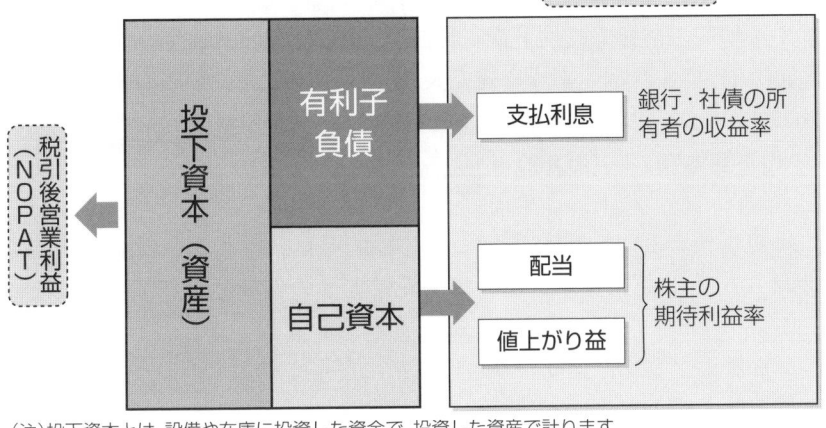

図：投下資本（資産）は有利子負債と自己資本から構成される。有利子負債には支払利息（銀行・社債の所有者の収益率）、自己資本には配当と値上がり益（株主の期待利益率）が対応する。これらが資本コストであり、投下資本からは税引後営業利益（NOPAT）が生まれる。

(注)投下資本とは、設備や在庫に投資した資金で、投資した資産で計ります

　事業のために有利子負債を使ったら、**債権者（金融機関や社債権者など）への利息の支払が必要**になります。自己資本を使えば、株主配当や株価アップによる値上り益を提供するなどして、株主の期待に応えなければなりません。値上り益を決める大きな要素は、**利益剰余金**の増加です。利益剰余金は、税引前利益から税金と配当を支払った残りです。

　では、支払利息（金利）、株主配当、値上り益に相当する金額を稼げたかどうかを見るには、どうしたらよいでしょうか？

　その指標となるのが、支払利息、株主配当、値上り益（利益剰余金の増加）を合計した利益です。要は、必要な支払利息（金利）、株主配当、値上り益を加算すればよいのですから、考え方は簡単です。

　財務会計で使う利益で言えば、税引後営業利益が最適です。税引後営業利益のことを管理会計では、**NOPAT（Net Operating Profit After Tax）**と言います。一般には、次のようにしてとらえます。

> NOPAT*（税引後営業利益）＝営業利益－法人税負担額

②資本コストを上回る収益性を目指すことの必要性

　企業活動は、先行投資して、その投資利益がどのくらいになったか

（＊）税引後利益＋支払利息－受取利息－受取配当金でもよい

を、利益額や収益性（利回り）で判断します。利益額とは、営業利益、当期純利益、フリーキャッシュフローなどです。収益性とは、投資額に対する利益の割合で、**投下資本利益率**（ROIC：Return On Invested Capital）です。次のような式で表わすことができます。

$$投下資本利益率(ROIC) = \frac{利益}{投下資本} = \frac{税引後営業利益(NOPAT)}{新規投資額}$$

新規事業のROICの目標値は、資本コストを超える必要があります（図6-8）。もし超えなければ、資金提供者への付加価値が稼げていないことになります。この場合は、たとえ利息を支払うことができても、配当や株価のアップを達成できないことになります。このような計画は、不採用とすべきです。

6-8 資本コストと投下資本利益率

$$資本コスト（税引後） < \frac{税引き後営業利益}{新規投資額}（投下資本利益率）$$

●**資本コスト**以上の**投下資本利益率**を出さないと事業は縮小していく

★資本コストは、**必要投下資本利益率**
→投資案が超えなければならない**ハードル・レート**
→不利な投資案を捨てるための**切捨率**

資本コストは、目標ROICが超えるべき最低限の目標値になります。資本コスト以上の投下資本利益率を達成できないと、資金提供者への分配分を稼げていないことになります。利害関係者に貢献できていない事業であれば、今後、縮小すべきでしょう。

投資の例では、資本コストは最低限期待する利回りでしたが、ビジネスにおいては、その投資で必要な収益の割合（投資の必要投下資本利益率）となります。したがってこの数字は、投資案で超えなければならない基準値（ハードル・レート）となりますし、これを超えられなければ不利な投資案であるとして捨てるための基準値（切捨率）です。

つまり、資本コストは、最低限の目標利回りとして、新規投資の採算

を判断するために、将来のフリーキャッシュフローの現在価値を計算するときの割引率（利回り）として使われるのです。

■ 有利子負債の資本コストを計算してみよう

最低限期待される利益率である資本コストは、資金提供者への報酬のようなものです。資金提供者には、これ以上の利回りを実現して安心させなくてはなりません。

ここで、資金提供者別に資本コストを計算してみましょう。

まず、有利子負債の資本コストの考え方を紹介しましょう。簡単に考えれば、借入金の金利が有利子負債の資本コストです。しかし、支払利息は、損金に参入できる（税務上、必要経費になる）ので、節税効果があります。よって節税効果を考慮した有利子負債の資本コスト（税引後）を算出するには、以下のように計算します。

> 有利子負債の資本コスト（税引後）
> ＝借入金×借入金利×（1－法人税等の税率）

A銀行から1,000万円を金利4％で借りた場合、有利子負債の資本コスト（税引後）はどうなるでしょう。法人税率35％とします。

1,000万円×4％×（1－35％）＝26万円……A

A銀行以外にB信金から2,000万円を3％で借りているとしたら、その有利負債の資本コスト（税引後）は、以下のようになります。

2,000万円×3％×（1－35％）＝39万円……B

これでそれぞれの資本コストが計算できました。

全体の平均資本コストは、いくらになるでしょうか。そのためには、AとBの加重平均資本コストを求めます。加重平均とは、複数のパターンの平均値を出すことです。以下の要領で、算出できます。

$$\text{有利子負債の資本コスト（税引後）} = \frac{26\,\text{万円} + 39\,\text{万円}}{1{,}000\,\text{万円} + 2{,}000\,\text{万円}} = 2.17\%$$

公式としては、以下の通りです。

$$\text{有利子負債の資本コスト（税引後）} = \frac{\text{資本コストの合計}}{\text{全体の借入金}} (\%)$$

■自己資本の資本コストの計算
①一般的な考え方
自己資本の資本コストは、**株主の期待利益率**です。株主は、配当と株式の値上り益を期待しています。投資額は株価です。以下の式で計算された投資利益率が、自己資本の資本コストになります。

$$\begin{array}{c}\text{自己資本の資本コスト}\\\text{（株主の期待利益率）}\end{array} = \frac{\text{1株当たり年間配当＋予想値上り益}}{\text{株価}}$$

2つ注意点があります。1つは、**自己資本の資本コストは、税引後の資本コスト**である点です。配当や値上り益は、税引後利益から支払われ、節税効果がないからです。

2つ目は、値上り益は通常予想できないことです。このため上場企業の株主の期待利益率については、**資本資産評価モデル（CAPM：Capital Asset Pricing Model）**を使います。

②資本資産評価モデル（CAPM）
資本資産評価モデルは、市場平均株価（日経平均など）の動きと、個別企業の株価の動きや長期金利を使って、株主の期待利益率を予測する方法です。次の式で計算することができます。

株主の期待利益率＝無リスク資産の利子率
　　　　　　　　＋（市場全体の期待利益率－無リスク資産の利子率）×β値

（注1）無リスク資産の利子率は、長期国債の利回りを使う
（注2）（市場全体の期待利益率－無リスク資産の利子率）をリスクプレミアムと呼ぶ

無リスク資産の利子率（リスクフリーレート）は、長期国債の利回りを使います。日経新聞などで毎日公表されています。**市場全体の期待利益率**は、日経平均や東証株価指数（TOPIX）の平均的な変動率を使います。
　$β$値は、市場の株価変動に対する個別企業の感応度（市場の動きに対してどれだけ反応するか）のことで、証券会社などが計算し、ウェブサイト上にも公表されています。$β$値が1.0ならば、市場平均の株価の変動率と個別企業の変動率が同じであることを意味します。A社の$β$値が1.5ということは、市場全体が10％上昇すると、その企業の株価は15％上昇し、逆に市場全体が10％下落するとその企業の株価は15％下落する傾向があるということです。
　計算例を示しますので、確認してみてください。

Question 長期国債の平均利子率2％、市場の直近60か月の平均投資収益率5％とします。甲社の$β$値は1.6です。

甲社の期待利益率は次のようになります。

　　　　甲社　　2％＋（5％－2％）×1.6＝6.8％

③非上場企業での資本コストをどうとらえるか
　成熟企業は、配当を中心に株主還元を実施し、値上り益はあまり期待できません。このような場合は、**配当利回り（配当÷株価）を自己資本の資本コストと考える**こともできます。
　非上場企業で株価が不明な場合は、資産を時価評価し、そこから有利子負債を控除して、時価ベースの自己資本を求め、それを発行済み株式数で割って株価を求めたり、**類似業種の株価と比較して、株価を推定する**方法もあります。株価の推計ができれば、配当利回りを計算することは可能です。

■加重平均資本コスト（WACC）の計算
　有利子負債と自己資本の資本コストがわかれば、有利子負債と自己資本の平均資本コストである**加重平均資本コスト（WACC：Weighted Average Cost of Capital）**を計算することができます。これが全体

の資本コストです。

WACCは、ワックと読んでください。次のように計算します。

Question 自己資本20億円（自己資本の期待利益率15%）、銀行借入30億円（金利5%：税引前）として、加重平均資本コストを求めなさい。ただし法人税等35%とする。

今までの解説のように、**自己資本の資本コスト（自己資本×期待利益率）＋有利子負債の資本コスト（借入金×借入金利×（1－法人税率））** で計算します。

資本コスト合計（税引後）＝ 20億×15% ＋ 30億円×5%×（1－0.35）＝ 3.975
加重平均資本コスト ＝ 3.975 ÷（20億円 ＋ 30億円）× 100 ＝ 7.95%

銀行借入金の金利（30億円×5% ＝ 1.5億円）は、損金算入できるので、税金の分（30億×5%×35% ＝ 0.525億）だけ税金が節約できます。よって**実質1.5億－0.525億＝0.975億の負担**でよいことになります。

ただし、自己資本の期待利益率は、節税効果はないので税引後で計算します。

また加重平均資本コストは、有利子負債と自己資本の構成比を使って計算することもできます。

計算としては、有利子負債と自己資本の割合＝構成比を出し、それに資本コストを掛けます。ただし、有利子負債は法人税を考慮する必要がありますので、（1－法人税）を掛け算します。それぞれの資本コストを足すと、全体の加重平均資本コストとなります。先の例の場合、有利子負債30億円と自己資本20億円の金額割合は、（60%：40%）となります。

調達源泉	資本コスト	構成比	加重平均資本コスト
有利子負債	5%	60%	1.95%（税引後）（注1）
自己資本	15%	40%	6%（税引後）（注2）
			7.95%（税引後）

（注1）有利子負債＝5%×60%×（1－0.35）＝1.95%
（注2）自己資本＝15%×40%＝6%

6-6 投資の採算を判断する方法(時間価値を考慮しない方法)
→ 事例で見る投資の収益性と安全性

> **POINT** 投資の採算は、投資の回収期間(安全性)を見るとともに、投資利回り(収益性)で判断する

投資の採算を判断する方法として、まずは簡単な、投資利回りと回収期間から判断する方法を紹介しましょう。

■投資利回り(収益性)を単純計算してみよう

Question 1,000万円の投資で、毎年末に210万円を5年間受け取れる以下のような年金型プランAがあります。あなたは、どう考えて意思決定するでしょうか。

(年金型プランAのケース) (単位:万円)

		合計	0年	1年	2年	3年	4年	5年
①	投資額	▲1,000	▲1,000					
②	収入額	1,050		210	210	210	210	210
③=①+②	純現金収支(利益)	50	▲1,000	210	210	210	210	210

このような金融商品の場合、リスクの説明(条件)が必要ですが、単純化のために、確実に受け取れる前提で考えることにしましょう。

まず単純に考えてみましょう。210万円を毎年末に5年間受け取ると、5年間の合計で、1,050万円(収入額)を受け取ることになります。はじめの投資額が1,000万円ですから、1,050万円−1,000万円=50万円の利益が出ます。この投資利回りは、50万円÷1,000万円×100=5%ですね。ただし、この5%は、5年間合計の**投資の収益性**を示しています。そこで年平均利回りを計算してみましょう。1年当たりの利益は10万円(50万円÷5年)なので、年平均利回りを単純に計算すると、1%(10万円÷1,000万円)となります。

■投資の回収期間（安全性）を単純計算してみよう

　初期投資1,000万円を、毎年210万円で回収すると考えると、1,000万円÷210万円＝4.76年となり、投資は約4.76年で回収できることがわかります。12か月×0.76＝9.12か月なので、4年と9.12か月で回収ができるわけです。

　そして残り2.88か月（12か月－9.12か月）で利益50万円を出していますが、利益を出している期間が非常に短いことが気になりませんか？

　そこで、損益分岐点の話で出てきた「経営安全額」の考え方を用いて、次のような計算をしてみましょう。

　受取総額1,050万円を5年（60か月）で割ってみます。すると、1か月当たり17.5万円（1,050万円÷60か月）受け取る計算になります。

　実際の計算例を示します。

> ア．初期投資を回収するまでの月数（損益分岐点）
> 　　4年×12か月＋9.12か月＝<u>57.12か月</u>
> 　　よって、損益分岐点は、17.5万円×57.12か月≒1,000万円
>
> イ．利益を受け取る月数（経営安全額に達する月数）は<u>2.88か月</u>
> 　　よって経営安全額は、17.5万円×2.88か月≒50万円

　57.12か月（損益分岐点）で、やっと投資を回収し、利益（経営安全額）が出るのは、わずか2.88か月です。確実に受け取れるとは言え、もっと利益が出る期間が長くないと、安心（安全性）は高くありませんね。

6-7

投資の採算を判断する方法（時間価値を考慮する方法）
→ 正味現在価値（NPV）と内部利益率（IRR）を理解しよう

> **POINT**
> ①純現金収支（現金ベースの利益＝フリーキャッシュフロー）を、資本コストを使って、割引計算したものが、正味現在価値である
> ②正味現在価値（NPV）がプラスであれば、投資家の期待利益率すなわち資本コスト以上の利回りを上げている
> ③内部利益率（IRR）は、投資の実際利回りを示し、資本コストは、投資家の期待利回り（期待利益率）を示している

　6章（6-6）で説明したように投資利回りと投資回収期間を単純計算する考え方は、入門者にとって理解しやすいのですが、いろいろ問題があります。これまで説明してきた、**資本コストや現在価値**のような時間価値を考慮していないからです。1年を超える期間での意思決定（中長期の意思決定）では、資本コストと現在価値の考え方を取り入れ、計算する必要があります。次にその考え方を、説明しましょう。

■ 正味現在価値（Net Present Value：NPV）

　6章（6-6）の問題を資本コストと現在価値の考え方を取り入れて考えてみましょう。年金型プランAは、1,000万円の投資を行なうと、毎年末に210万円を5年間にわたって受け取れるというものです。この投資のほかに、年利回り4％の投資プランBが存在しています。元本割れなどのリスクについては、年金型プランAと同等とします。

　投資プランBの年利回り4％は、年金型プランAの導入を考えている人にとって、資本コストになります。年金型プランAの利回りが4％を超えているか否かが判断の分かれ目です。4％は超えねばならないハードルレートであり、年金型プランAをやめる**切捨率**になります。また、プランAの最低限の**期待利益率**です。単純計算では利回り1％（209ページ）なので、年金プランAは導入できませんね。

　中長期にわたる投資をする場合は、この資本コストと時間価値を考慮する必要があります。

そこで、資本コスト4％を考慮して、5年間の純現金収支（利益）の現在価値を計算した図6-9を見てください。

6-9　正味現在価値の計算例Ⅰ

資本コスト4％の場合、年金型プランAの正味現在価値は、▲65.1の赤字

(単位：万円)

		合計	0年	1年	2年	3年	4年	5年
①	投資額	▲1,000	▲1,000					
②	収入額	1,050		210	210	210	210	210
③＝①+②	純現金収支(利益)	50	▲1,000	210	210	210	210	210
④	現価係数(資本コスト4％)	−	1.0000	0.9615	0.9246	0.8890	0.8548	0.8219
⑤＝①×④	投資額の現在価値	▲1,000	▲1,000					
⑥＝②×④	収入額の現在価値	934.9	0.0	201.9	194.2	186.7	179.5	172.6
⑤+⑥	(正味現在価値)	▲65.1						
	現在価値の累計	−	▲1,000	▲798.1	▲603.9	▲417.2	▲237.5	▲65.1

正味現在価値と一致する

　1年後、2年後、3年後の210万円を現在価値に置き直すとどうなるでしょうか？　まずは現価係数を算出し、それに毎年の利益を掛けて求めていきます。要領としては、次のようになります。
❶現価係数を求める
❷毎年の現在価値を求める
❸正味現在価値を求める

❶現価係数を求める

　現価係数は、将来受け取る金額から見た現在の価値を表わすもので、図6-10のように計算します。

❷毎年の現在価値を求める

　毎年の収入額②（図6-9参照）から投資額①を引いた純現金収支③は、現金ベースの毎年の利益に相当します。この純現金収支に現価係数を掛けて、毎年の純現金収支の現在価値を求めます。

　スタート年の0年において、初期投資の▲1,000万円の支出が発生し

6-10 現価係数の計算

資本コスト4%

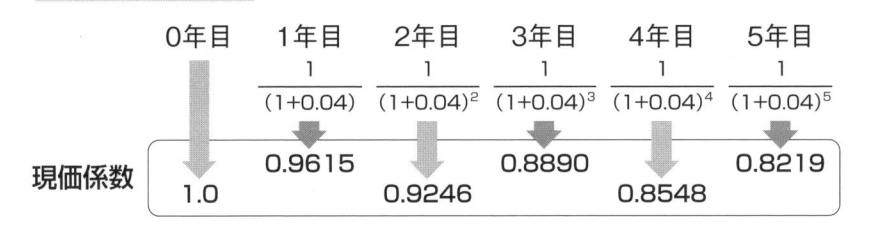

年	0年目	1年目	2年目	3年目	4年目	5年目
係数式		$\frac{1}{(1+0.04)}$	$\frac{1}{(1+0.04)^2}$	$\frac{1}{(1+0.04)^3}$	$\frac{1}{(1+0.04)^4}$	$\frac{1}{(1+0.04)^5}$
現価係数	1.0	0.9615	0.9246	0.8890	0.8548	0.8219

ます（初期投資の現価係数は1）。その後、毎年210万円ずつ入ってきますから、これにそれぞれの年の現価係数を掛け算します。

結果、1年後201.9万円、2年後194.2万円、3年後186.7万円、4年後179.5万円、5年後172.6万円の収入となります。収入額の現在価値の合計は934.9万円で、単純合計の収入1,050万円より小さくなります。

❸正味現在価値（NPV）を求める

初期投資▲1,000万円と収入の現在価値合計934.9万円の合計が**正味現在価値**です。時間価値を考慮しない純現金収支は50（図6-9）ですが、正味現在価値は▲65.1万円とマイナスです。正味現在価値がマイナスということは、資本コスト4％を考慮すると年金型プランAは▲65.1万円だけ赤字であることを意味します。複数年にわたる投資の採算を判断するときは、時間価値を考慮する必要があるので、正味現在価値で判断することにより、利益や赤字額を計算することができます。

■内部利益率（IRR：Internal Rate of Return）を用いた投資判断

①投資額と収入額が同じになるときの資本コスト「内部利益率」

内部利益率という考え方があります。内部利益率は、正味現在価値がゼロになるときの、資本コストです。つまり、投資した額と同じだけの価値のフリーキャッシュフローが得られるときの資本コストです。

別な言い方をすれば、投資額（支出額）の現在価値と収入額の現在価値が一致するときの資本コストのことです。年金型プランAで説明すれば、図6-11のような式が成り立つときのr（資本コスト）のことです。

6-11　内部利益率の考え方

$$1{,}000 = \frac{210}{(1+r)} + \frac{210}{(1+r)^2} + \frac{210}{(1+r)^3} + \frac{210}{(1+r)^4} + \frac{210}{(1+r)^5}$$

左辺：投資額の現在価値
右辺（第1年目〜第5年目）：収入額の現在価値合計

> ●上記の式が成り立つrが、内部利益率（IRR）

　rは、予想されるrを推計し、シミュレーションを行なって求めます。エクセルのIRR関数を使えば、簡単に求められます。

　年金型プランAの内部利益率は1.65％です。1.65％のとき投資額と収入額の現在価値合計が一致し、正味現在価値がゼロとなることを示します。1.65％は、年金型プランAの年間利回りそのものを意味します。

　単純計算した年金型プランAの年間利回りが1％（209ページ）なのでそれよりは大きいことがわかります。

> 投資額1,000 ＝ 収入額の現在価値の合計1,000
> ∴収入額の現在価値の合計1,000 － 投資額1,000 ＝ 正味現在価値0

②内部利益率と期待される利回り（期待利益率）は差が出る！

　内部利益率（利回り）が1.65％の年金プランAは、それ以上の利回りを期待する投資家からは選ばれません。例のように利回り4％の投資プランBが存在するから、なおさらです。年金型プランAが投資家に選ばれるためには、投資家が受け取る収入額をもっと増やす必要があります。

　表計算ソフトで、資本コスト4％、正味現在価値がゼロになる毎年の収入をシミュレーションしてみました（図6-12）。224.63万円の収入を5年間にわたり達成することができれば、収入の現在価値合計は、ほぼ1,000万円となります。そのために毎年の収入額を14.63万円増やす（224.63万円－210万円）ような運用をしないといけません。**資本コストが大きくなればなるほど、この差は広がります。**

6-12　正味現在価値の計算例Ⅱ

資本コスト4%で、正味現在価値がゼロになるときの、毎年の収入額に注目

(単位：万円)

		合計	0年	1年	2年	3年	4年	5年
①	投資額	▲1,000	▲1,000					
②	収入額	1,123		224.63	224.63	224.63	224.63	224.63
③=①+②	純現金収支(利益)	123	▲1,000	224.63	224.63	224.63	224.63	224.63
④	現価係数(資本コスト4%)	−	1.0000	0.9615	0.9246	0.8890	0.8548	0.8219
⑤=①×④	投資額の現在価値	▲1,000	▲1,000					
⑥=②×④	収入額の現在価値	1000.0	0.0	216.0	207.7	199.7	192.0	184.6
⑤+⑥	(正味現在価値)	0.0						
	現在価値の累計	−	▲1,000	▲784.0	▲576.3	▲376.6	▲184.6	0.0

正味現在価値はゼロ
そのときの、毎年の収入額は224.63万円

■ 資本コストが大きくなると、どんな影響があるか

次に資本コストが大きくなると、実際にどういう影響があるかを考えてみましょう。

①利回りが大きい投資商品が出てくるケース

資本コストが大きくなるというのは、金融商品で言えば、利回りが大きい競合商品が出てきたときです。4%の投資プランBとリスクが同じで、もっと利回りが大きな投資プランが出てくれば、年金型プランAは、毎年の収入額を224.63万円より、さらに増やさなければなりませんし、投資プランBも選ばれないことになります。

そこで、**プランAやBを扱う企業では、毎年の収入額をどうやって増やすかという経営課題が生まれます。**

②企業の資本コストが大きくなるケース

企業の資本コストが大きくなるとは、加重平均資本コストがアップすることを意味します。すなわち有利子負債の金利か、株主の期待利益率がアップすることによって加重平均資本コストがアップします。

次に、アップするケースを説明します。

ア．有利子負債の資本コスト（金利）がアップするケース

　外部環境が影響する場合と内部環境が影響する場合に分かれます。

　外部環境が影響する場合は、たとえば景気が過熱した結果、資金需要が増加し、金融機関の貸出金利がアップするケースです。また財政悪化で国債が売られるなどして長期金利がアップし、その影響で、銀行の貸出金利が上がる悪いケースも考えられます。

　内部環境が影響する場合は、企業の財務の安全性が悪化し、金融機関の貸出金利がアップするケースです。

イ．自己資本の資本コスト（期待利益率）がアップするケース

　企業の業績が好調な場合や、戦略が高く評価され、株価がアップしている場合には、株主の期待利益率がアップします。

　増配が想定されるケースでも、株価がアップし期待利益率もアップします。たとえば手元資金を多く所有していて、投資を積極的に行なわない企業は、増配期待で株価がアップすることがあります。

　アやイの結果、資本コストがアップした企業は、ROICを高める必要があります。すでに説明したように、**資本コストがアップすると、収益性（ROIC）を高める必要が出てきます**。つまり、将来の純現金収支（利益）を増加させるような成長戦略を市場から迫られることになります。

　その期待に応えられない上場企業は、市場からの圧力を避けるために、子会社を完全子会社として吸収したり、**MBO（Management Buyout）**によって、経営陣が株式を購入し、上場廃止して、資本コスト、特に自己資本の資本コストの低下を図るケースが見られます。

　業績が悪化した企業が、リストラを徹底するために、目標ROICを下げる必要から上場廃止するケースもあります。上場企業やファンドが出資する企業は、資本コストを意識した経営が求められるようになってきたことを考えると、納得がいくでしょう。

6-8

キャッシュフローの予測と採算判断（事例で総まとめ）

➡ 5年間限定のプロジェクトを採用するかどうかの判断をする

　これまで勉強してきた営業キャッシュフローの予測、資本コスト、現在価値などの考え方を整理するために、事例で考えてみましょう。

Question 以下のデータや条件から、投資の採算を判断しなさい。

■ 5年間の損益とキャッシュフローの予測内容

（単位：万円）

		スタート	1年	2年	3年	4年	5年	投資清算	5年合計
損益計算書	売上前年伸び率		−	110%	120%	110%	90%		
	①売上高		17,000	18,700	22,440	24,684	22,216		105,040
	②限界利益率		22.0%	22.0%	23.0%	25.0%	24.0%		23.3%
	限界利益（①×②）		3,740	4,114	5,161	6,171	5,332		24,518
	③固定費合計（④+⑤+⑥）		3,206	3,356	3,774	4,178	3,843		18,357
	④人件費（限界利益×労働分配率）		1,496	1,646	2,064	2,468	2,133		9,807
	（労働分配率）		40.0%	40.0%	40.0%	40.0%	40.0%		40.0%
	⑤減価償却費		800	800	800	800	800		4,000
	⑥その他の固定費		910	910	910	910	910		4,550
	⑦営業利益（②−③）		534	758	1,387	1,993	1,489		6,161
	（売上高営業利益率）		3.1%	4.1%	6.2%	8.1%	6.7%		5.9%
	⑧法人税等（⑦×税率35%）		187	265	485	698	521		2,156
	⑨税引後利益（⑦−⑧）		347	493	902	1,295	968		4,005
キャッシュフローの予測	⑩減価償却費		800	800	800	800	800		4,000
	運転資金の調達高（翌年の①の10%）	1,700	1,870	2,244	2,468	2,222	2,222		
	⑪運転資金の調達高の増減（増加しているときはマイナス表示）		▲1,700	▲170	▲374	▲224	246	0	2,222
	⑫営業キャッシュフロー（⑦−⑧+⑩+⑪）		▲1,700	977	919	1,478	2,341	1,768	2,222	8,005
	⑬投資額（投資キャッシュフロー）	▲4,000							▲4,000
	⑭フリーキャッシュフロー（各年）（⑫+⑬）	▲5,700	977	919	1,478	2,341	1,768	2,222	4,005
	⑮フリーキャッシュフロー累計	▲5,700	▲4,723	▲3,804	▲2,326	15	1,783	4,005	

※計算誤差があります

■中期計画の手順と内容を理解しよう

　大手企業の社内ベンチャーが、5年限定の製品販売プロジェクトを立ち上げて、5年後に解散します。この中期計画を立ててみましょう。
　必要なデータと、中期計画作成の手順を以下にまとめますので、概要をつかんでください。

①初期投資額の見積り
ア．設備投資4,000万円（5年間で定額償却する。残存価額はゼロ）
イ．営業を開始するために必要になる運転資金の調達高[*1]として、1年目の売上高の10％（運転資金の要調達率)[*2]を投資する

②5年間の損益予想を行なう
ア．販売計画（詳細は省略）に基づき売上高と限界利益率を予想
イ．人件費の予想は、労働分配率を40％と設定して予想
ウ．毎期の減価償却費は、4,000万円÷5年＝800万円
エ．その他の固定費は、予想データの通り（詳細は省略）
オ．法人税等は、営業利益の35％とする

③キャッシュフローを予想する
ア．間接法を使って、営業キャッシュフローを予想する
　　税引後利益（営業利益－法人税等）＋減価償却費－運転資金の調達高の増加（減少は＋）で計算します。
イ．運転資金の調達高を予想する
　　翌年売上高×運転資金の要調達率10％で、前年末の運転資金の調達高を予想します。
　　この例では、売上債権、在庫、買入債務をそれぞれ予想せず、運転資金の調達高をダイレクトに予想することにしています。
　　5年目の運転資金の調達高は、売上高が増加しないので、4年目と同額と予想しています。
　　5年目の運転資金の調達高2,222万円は、プロジェクト終了に伴い

＊1　運転資金の調達高＝売上債権＋在庫－買入債務
＊2　運転資金の要調達率（％）＝運転資金の調達高÷売上高×100

現金で回収します*3（投資清算の欄）。
ウ．投資キャッシュフローを計算する
　この例では、初期投資4,000万円だけです。
エ．フリーキャッシュフロー（営業キャッシュフロー＋投資キャッシュフロー）を計算する

④予想貸借対照表も作ってみよう

　予想損益計算と予想キャッシュフローが計算できると、それに基づいて、予想貸借対照表を作ることができます。予想貸借対照表によって、計画値での財務の安全性分析も可能になり、計画の妥当性を判断するデータが増え、説得力のある計画になります。
　ビジネスプランでは、ぜひ予想貸借対照表を作成しましょう。

6-13　予想貸借対照表

(単位：万円)

		スタート	1年	2年	3年	4年	5年	投資清算
予想貸借対照表	⑰現金	0	977	1,896	3,374	5,715	7,483	9,705
	⑱運転資金の調達高	1,700	1,870	2,244	2,468	2,222	2,222	0
	⑲固定資産	4,000	3,200	2,400	1,600	800	0	0
	投下資本(⑰＋⑱＋⑲)	5,700	6,047	6,540	7,442	8,737	9,705	9,705
	内訳　自己資本(スタート時)	5,700	5,700	5,700	5,700	5,700	5,700	5,700
	利益剰余金		347	840	1,742	3,037	4,005	4,005
	ROIC(%)　税引後利益÷前期・当期平均投下資本		5.9%	7.8%	12.9%	16.0%	10.5%	

ア．資産の内容をピックアップする
　この例では、現金、運転資金の調達高（正味運転資金）、固定資産の3つの項目が登場しているので、それを資産としてピックアップします。
イ．現金の残高は、各年のフリーキャッシュフローを累計したもの。4年末の現金（5,715万）は、1～4年のフリーキャッシュフローの合計（977万＋919万＋1,478万＋2,341万。217ページ図参照）と一致し

---

*3　5年目で、設備などの残存価額があれば、投資キャッシュフローに加算して、残存価額を回収する処理を行ないます。この例では、残存価額はゼロであるので、この処理は行なっていません

ていることに注目してください。

　この例では加算する超過額はありませんが、スタート時に、初期投資額5,700万円以上の現金が用意されていれば、それを加算します。たとえば、6,000万円の現金があれば、初期投資を除いた300万円をフリーキャッシュフローと現金に加算します。

ウ．運転資金の調達高を記入
　翌年の売上高の10％という条件なので、その金額を記入します。

エ．固定資産を記入
　4,000万円から毎年の減価償却費800万円を控除して、表示します。

オ．投下資本を求める
　このケースでは、投下資本は、自己資本と利益剰余金の合計になります。投下資本は、スタート時の自己資本（5,700万円）に利益剰余金を加算して求めます。利益剰余金は、毎年の税引き後利益の累計額です。
　投下資本＝総資産なので、投下資本＝現金＋運転資金の調達高＋固定資産となります。

カ．各年度の、ROIC（投下資本利益率）を計算
　式は、税引後利益÷前期・当期の平均投下資本（％）[*1]です。

　貸借対照表が、利益とキャッシュフローの影響で、変化していく姿を次の第6章（6-9）で、詳しく図解しています。損益計算、キャッシュフロー、貸借対照表の関係を理解するためにもぜひご覧ください。

■正味現在価値とIRRを計算して、プロジェクトを実施するか否かを判断する

　損益予想とキャッシュフローの予想ができたら、正味現在価値や計画の利回りである内部利益率（IRR）を計算しましょう。投資を実施するか否かを判断する材料が整います。

[*1] 平均投下資本＝（前期末投下資本÷当期末投下資本）÷2となります。たとえば、1年末のROIC＝1年目の税引後利益347万円÷（〈5,700万円＋6,047万円〉÷2）＝5.9％

①正味現在価値を計算してみましょう（図6-14）

以下の手順で正味現在価値を計算してみましょう。なお、このプロジェクトが目指す資本コストは7％とします。[*2]

ア．1～5年の現価係数を計算して、各年のフリーキャッシュフローの現在価値を計算する
イ．現在価値を累計して、正味現在価値を計算する[*3]

6-14　製品販売プロジェクトの正味現在価値

(単位：万円)

		スタート	1年	2年	3年	4年	5年	投資清算	5年合計
	⑭フリーキャッシュフロー（各年）（⑫+⑬）	▲5,700	977	919	1,478	2,341	1,768	2,222	4,005
	⑮フリーキャッシュフロー累計	▲5,700	▲4,723	▲3,804	▲2,326	15	1,783	4,005	
現在価値計算	資本コスト7.00%　⑯現価係数	1.000	0.935	0.873	0.816	0.763	0.713	0.713	
	現在価値（各年）(⑭×⑯)	▲5,700	913	802	1,206	1,786	1,261	1,584	1,852
	正味現在価値（現在価値の累計）	▲5,700	▲4,787	▲3,985	▲2,779	▲993	268	1,852	

正味現在価値は、5年間のフリーキャッシュフローの合計

②このプロジェクトの利回り（収益性）はいくらか計算しよう

内部利益率（IRR）を求めれば、それがこのプロジェクトの利回りです。スタートの▲5,700万円を加味して、フリーキャッシュフロー（各年）の1年後から5年後と、投資精算2,222万円（5年後）の数値を表計算ソフトのIRR関数を使って計算すると、内部利益率は15.79％となります。7％の資本コストに対して、倍以上の利回りが実現できるようです。収益性の視点では、問題がなさそうです。

③このプロジェクトの回収期間（安全性）はどうでしょう

正味現在価値（現在価値の累計：図6-14の最後の行）を見てください。4年目までは赤字です。5年に入って黒字になっています。投資の回収に5年を要するプロジェクトは、どう考えたらいいでしょうか。

[*2] 会社の財務構造や経営リスクを考慮して、資本コストを決定します
[*3] 正味現在価値は、各年のフリーキャッシュフローの現在価値の合計値です

6-15　正味現在価値の累計グラフ

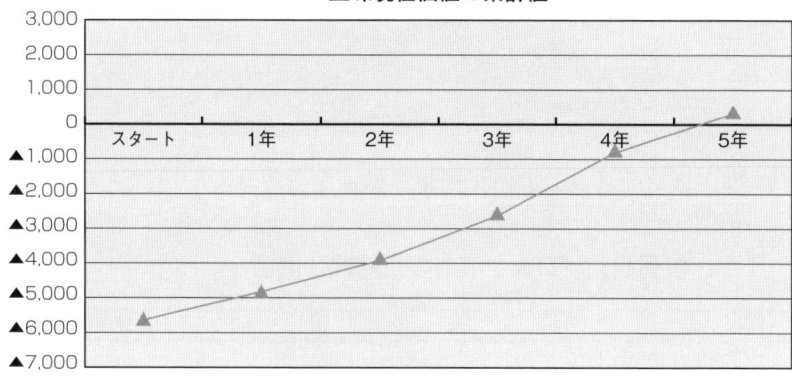

正味現在価値の累計値

業績が計画より下回って推移した場合は、回収が遅れる恐れもあります。安全性の視点では、問題がある投資と言えるでしょう。

6-9 予想貸借対照表をイメージで理解しよう
➡ 図で見る5年間の財務三表の変化

> **POINT** 損益計算書だけでなく、貸借対照表、キャッシュフローを関連させて、3つの決算書の関係をイメージしながら計画しよう

第6章（6-8）で取り上げた5年間限定のプロジェクトの事例を、5年間の貸借対照表の動きを中心に、損益、キャッシュフローの関係も図にしました。

特に、損益プランだけならわかるけれど、貸借対照表とキャッシュフローを連動させたビジネスプランの作成が難しいと感じている方は、ここで再確認してください。図で見れば、3つの決算書の関係がハッキリ見えてくるはずです。

■事業スタートのための準備（図6-16、図6-17）

まずは、スタート時の貸借対照表を見てみましょう。

6-16 スタート時の貸借対照表

(単位：万円)

①現金5,700を用意する

現金 5,700	初期の自己資本 5,700

スタート現金	5,700
営業CF	▲1,700
投資CF	▲4,000
現金残高	0

②初期投資を行なう

運転資金 1,700	初期の自己資本（投下資本） 5,700
固定資産 4,000	

①は、現金5,700万円を用意した、事業スタート時の貸借対照表です。

②そこに、在庫投資など1,700万円、設備投資4,000万円を行ないました。運転資金への投資額（運転資金の調達高）は、営業キャッシュフローとなり、設備投資は、投資キャッシュフローとなります。

運転資金への投資は、売上債権、在庫、買入債務で考えてください。3つの項目については、回転率などを利用して予想する方法もあります。この例では、3つの項目を**正味運転資金**として、運転資金の調達高を直接予想しています。

図6-17を見てください。貸借対照表では、売上債権と在庫は資産、買入債務は負債です。**運転資金の調達高A（1,700）は、資産と負債の差として表われています。**

6-17　貸借対照表で見る運転資金の調達高

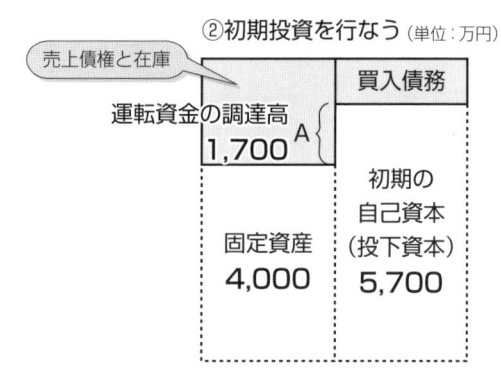

②初期投資を行なう （単位：万円）

売上債権と在庫	買入債務
運転資金の調達高 A 1,700	初期の自己資本（投下資本）5,700
固定資産 4,000	

(注1) 運転資金の調達高1,700は、Aの部分（正味運転資金）である点に注意すること
(注2) 売上債権、在庫、買入債務をそれぞれ予想して、運転資金の調達高を算出する方法もある

■1年後と2年後の貸借対照表

次に1年後と2年後の貸借対照表を見てみましょう。

6-18　1年後と2年後の貸借対照表

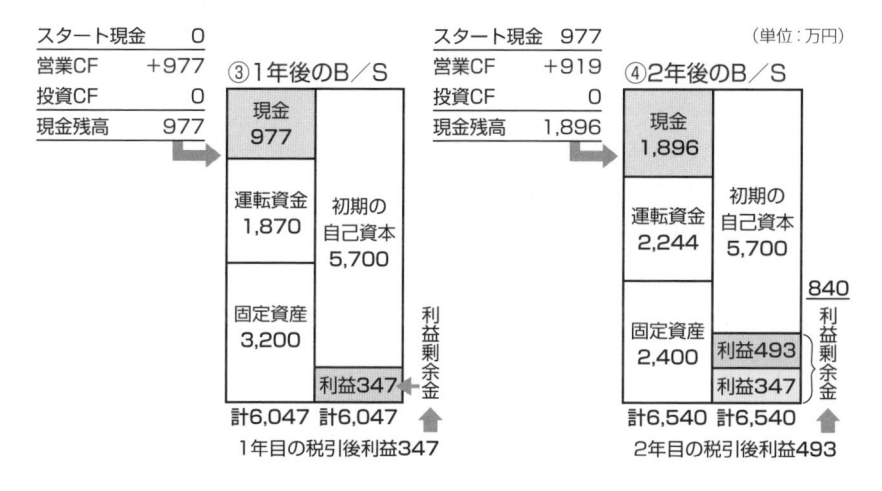

```
スタート現金      0                    スタート現金    977              （単位：万円）
営業CF       +977                      営業CF       +919
投資CF          0    ③1年後のB／S     投資CF          0   ④2年後のB／S
現金残高      977                      現金残高    1,896
```

③1年後のB/S
- 現金 977
- 運転資金 1,870
- 固定資産 3,200
- 初期の自己資本 5,700
- 利益剰余金 347
- 計 6,047 ／ 計 6,047
- 1年目の税引後利益 347

④2年後のB/S
- 現金 1,896
- 運転資金 2,244
- 固定資産 2,400
- 初期の自己資本 5,700
- 利益剰余金 493
- 利益剰余金 347
- 840
- 計 6,540 ／ 計 6,540
- 2年目の税引後利益 493

1年目の営業キャッシュフロー977万円が、現金となっています。2年後の現金は、977万円＋919万円＝1,896万円となります（図6-18④）。

利益剰余金は、損益計算書の税引後利益が積み上がったものです。初期の投下資本（自己資本）5,700万円が利益剰余金だけ増加して、2年後の自己資本は、6,540万円（5,700万円＋347万円＋493万円）となっているのがわかります。

固定資産（4,000万円）は耐用年数5年なので、毎年、減価償却費800万円だけ資産価値を減らします。

■ 3年後と4年後の貸借対照表

3年後の貸借対照表では、2年末の現金1,896万円に営業キャッシュフロー（3年目1,478万円）が積み上がり3,374万円、4年末の現金も同様に考えて、5,715万円となります。

利益剰余金は、税引後利益（3年目902万円、4年目1,295万円）が積み上がり、4年末で3,037万円となっています。4年後の自己資本は、8,737円（5,700万円＋3,037万円）になります。

6-19　3年後と4年後の貸借対照表

（単位：万円）

⑤3年後のB／S

スタート現金　1,896
営業CF　＋1,478
投資CF　　　0
現金残高　3,374

現金 3,374	初期の自己資本 5,700	
運転資金 2,468	利益 902	1,742 利益剰余金
固定資産 1,600	利益 493	
	利益 347	

計 7,442　計 7,442

3年目の税引後利益 902

⑥4年後のB／S

スタート現金　3,374
営業CF　＋2,341
投資CF　　　0
現金残高　5,715

現金 5,715	初期の自己資本 5,700	
運転資金 2,222	利益 1,295	3,037 利益剰余金
	利益 902	
固定資産 800	利益 493	
	利益 347	

計 8,737　計 8,737

4年目の税引後利益 1,295

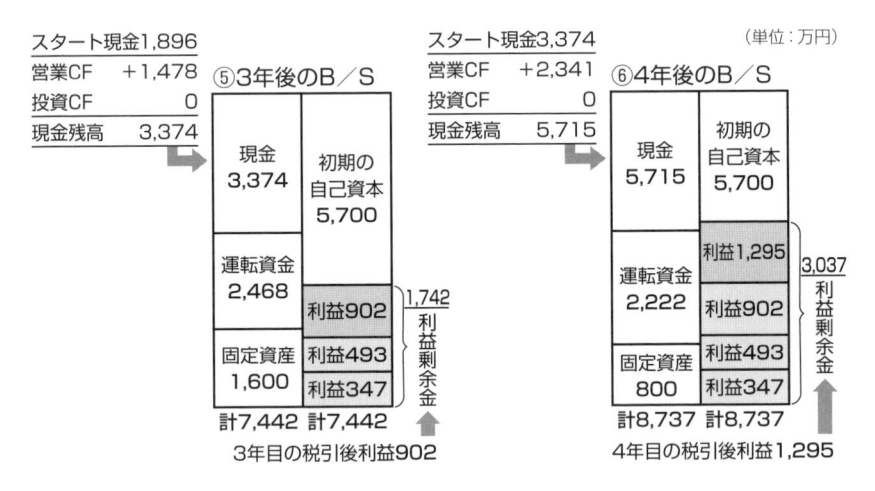

■5年後の貸借対照表

4年末の現金5,715万円に営業キャッシュフロー（5年目1,768万円）が積み上がり、5年末の現金は7,483万円となります。

利益剰余金は、税引後利益（5年目968万円）が積み上がり、5年末で4,005万円となっています。5年後の自己資本は、9,705万円（5,700万円＋4,005万円）となっています。

6-20　5年後の貸借対照表

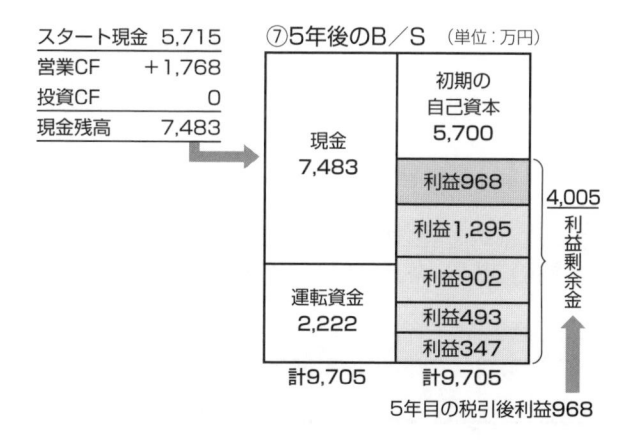

```
スタート現金  5,715
営業CF       ＋1,768
投資CF            0
現金残高      7,483
```

⑦5年後のB／S　（単位：万円）

現金 7,483	初期の自己資本 5,700
	利益968
	利益1,295
運転資金 2,222	利益902
	利益493
	利益347
計9,705	計9,705

利益剰余金　4,005

5年目の税引後利益968

■5年間のフリーキャッシュフロー（純現金収支）を見る

　事業に投資した現金5,700万円は、5年後に7,483万円になっています。この時点では、1,783万円（7,483万円－5,700万円）がフリーキャッシュフローです。はじめの投資5,700万円を回収し、かつ1,783万円の現金を増やしたということです。

　未回収の運転資金（の調達高）が2,222万円あるので、最後は資金化します。するとこれが加わって、9,705万円の現金が残りました。

　最終的なフリーキャッシュフローは、4,005万円（9,705万円－5,700万円）となっています。
　もし2,222万円の回収がうまくいかないときは、1,783万円までフリーキャッシュフローが減少してしまう可能性（リスク）を含んでいると考えてください。

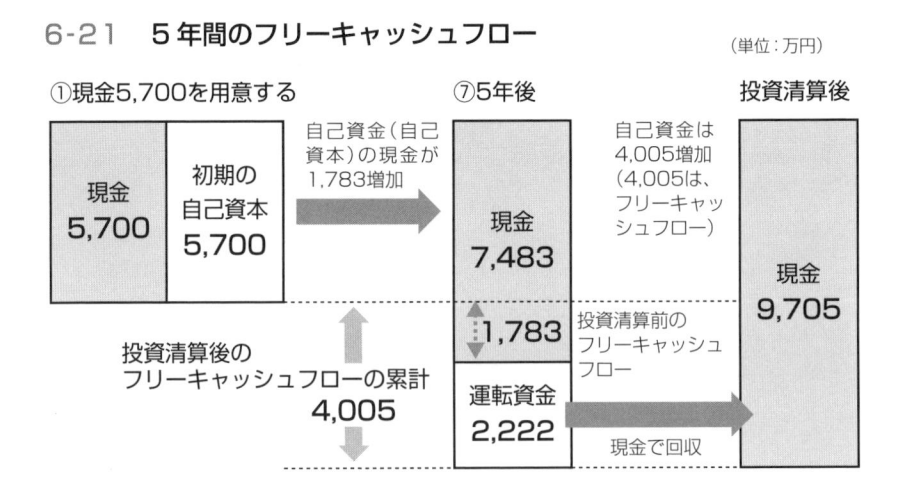

6-21　5年間のフリーキャッシュフロー

（単位：万円）

①現金5,700を用意する　　⑦5年後　　　　　投資清算後

| 現金 5,700 | 初期の自己資本 5,700 | → 自己資金（自己資本）の現金が1,783増加 | 現金 7,483 | 投資清算前のフリーキャッシュフロー | 自己資金は4,005増加（4,005は、フリーキャッシュフロー） | 現金 9,705 |

投資清算後のフリーキャッシュフローの累計 4,005

1,783
運転資金 2,222 → 現金で回収

6-10 企業価値が向上するという意味
➡ 将来のフリーキャッシュフローを増大させること

POINT 資本コストの低下は、企業価値を高める

■ 企業価値とは、予想されるフリーキャッシュフローの現在価値である

「企業価値を高めよう」という掛け声をよく耳にします。

では、企業価値とは、何を意味するのでしょうか。株価と考えることもありますが、もう少し広義で考えるほうがいいでしょう。

企業価値とは、企業が今後生み出すと予想されるフリーキャッシュフロー（FCF）の現在価値の合計です（図6-22）。このように価値を評価する方法を**DCF法**（Discounted Cash Flow）と呼びます。

6-22　企業価値と株主価値に関係

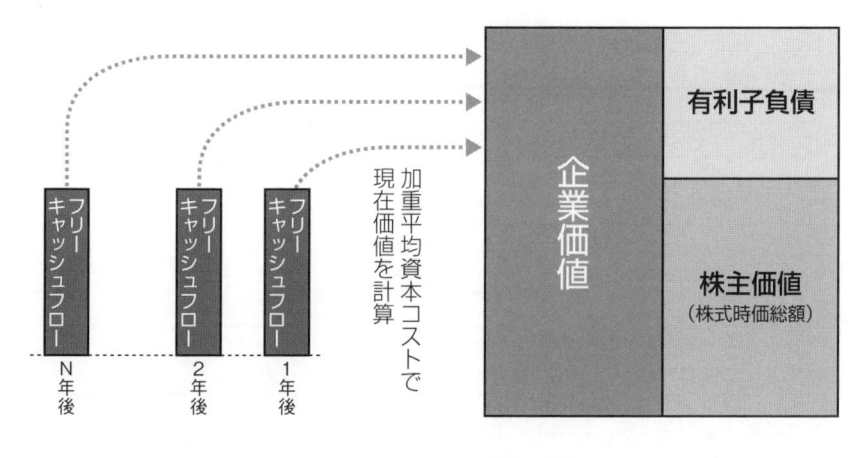

成長戦略によって、将来の営業キャッシュフローを大きく伸ばし、投資額（投資キャッシュフロー）を早く回収できれば、FCFは早期に黒字になります。この黒字額を積み上げると、企業価値は高まります。

第6章（6-8）の製品販売プロジェクトの評価の問題で登場した、プロジェクトの正味現在価値1,852万円は、**プロジェクト価値（事業価値）**です。複

数の事業を行なう企業では、各事業価値の合計が企業価値となります。

たとえば、小売事業、宅配事業、輸送事業、不動産事業などを手がける電鉄会社は、各事業を相互に関連をさせながら（**シナジー効果を発揮しながら**）、将来のフリーキャッシュフローを増加させることで各事業の価値を高め、その合計としての電鉄会社の企業価値をアップさせています。

企業価値から、現時点の有利子負債を引いたものが**株主価値**です。株主価値を発行済み株式数で割って求めた1株当たりの株主価値、すなわち**株価**を推計することができます。

■加重平均資本コストが大きいほど、企業価値は小さくなる
～資本コストが上がると株価が下がる理由～

（加重平均）資本コストが大きいほど、企業価値は小さくなります。図6-23を見てください。資本コストが、5%、10%、15%のときの企業価値の違いを計算してみました。4年間にわたり、毎年フリーキャッシュフローが100億円、合計400億円発生するとして計算しています。

6-23 資本コストと企業価値＆株主価値の関係

（単位：百万円）

		1年後	2年後	3年後	4年後	合計		
①	フリーキャッシュフロー	10,000	10,000	10,000	10,000	40,000		
②	資本コスト5% 現価係数	0.952	0.907	0.864	0.823			
	現在価値（①×②）	9,524	9,070	8,638	8,227	35,460	15,000	現在の 有利子負債
						企業価値	20,460	株主価値
						▲3,761 差		
③	資本コスト10% 現価係数	0.909	0.826	0.751	0.683			
	現在価値（①×③）	9,091	8,264	7,513	6,830	31,699	15,000	現在の 有利子負債
						企業価値	16,699	株主価値
						▲3,149 差		
④	資本コスト15% 現価係数	0.870	0.756	0.658	0.572			
	現在価値（①×④）	8,696	7,561	6,575	5,718	28,550	15,000	現在の 有利子負債
						企業価値	13,550	株主価値

資本コスト5％と10％の企業価値の差は、▲37.61億円です。10％と15％の差は、▲31.49億円です。5％と15％の差は、なんと▲69.1億円も違います。

大手企業の規模になると、将来発生するフリーキャッシュフローが同じでも、資本コストのアップによって、企業価値は大きく下がってしまうことを意味しています。

この企業が現在、150億円の有利子負債を抱えているとします。有利子負債を企業価値から控除すると、株主価値が求まります。

発行済み株式数が1億株ならば、株価は次のようになります。

資本コスト5％で204円　　　10％で166円　　　15％で135円

このことは、資本コストが大きくなると、株価が下がることを意味しています。

金利が上がると、株価が下がるという話は、よく聞きませんか。一般的には、次のように説明されます。

1つは、金利が上がると、借入金で設備投資をしている企業の支払利息が増加して、減益要因になるからです。

2つ目は、金利が上がるとリスクの高い株式投資より、リスクの少ない債券を買う人が増えて、株式の相対的魅力が薄れるからとも説明できます。

3つ目として、金利が上がると、資本コストがアップして、企業価値が下がるからだと説明できます。

いずれも見る視点が異なるだけで、企業価値と株主価値が下がる点では同じ結果です。せっかく資本コストを勉強したのですから、資本コストと企業価値の関係から株価を推計できることを知っておいてください。

■加重平均資本コストが示す「資本コストの下げ方」

資本コストを下げると、企業価値が上がり、株価（株主価値）もアップすることが理解できたでしょうか。

では、資本コストを下げるにはどうしたらいいでしょうか。

資本コスト（加重平均資本コスト）は、有利子負債の資本コストと自己資本の資本コストで構成されていましたね（第6章 (6-5) 参照）。一般的に、自己資本の資本コストのほうが高いのです。その理由を考えてみましょう。

　あなたが株主（自己資本の所有者）なら、100万円を株式に投資している場合、年間でどのくらいの投資利回りを要求するでしょうか。1％、2％という人よりも10％、20％と2桁以上の利回りを求める人が多いのではないでしょうか。値下がりでの、元本割れも覚悟しているので、儲けるときは、その反動で高い利回りを得たいと考えています。リスクを負っている場合は、リターンの幅も大きくなるのが経済原則です。

　これに対して、有利子負債を提供する金融機関は、自己資本コストよりも大きな利回りは、要求しないでしょう。なぜなら、金融機関は、元本は必ず返済を受ける契約なので、リスクは、株主よりも小さくなります。自己資本コストのほうが、高くなる理由です。

　このように高い自己資本の資本コストを下げることは、企業価値を高める経営にとって重要です。その方法を考えてみましょう。

①有利子負債を活用する方法

　工場建設等の新規の投資を行なうときなどは、有利子負債を活用する方法があります。金利が低い時期に比較的財務の安全性が高い企業が行なう手法です。

　これは「レバレッジを利かせて（負債を活用して）資本コストを下げる」などと言います。金利には節税効果があるので、資本コストの低減効果はさらに大きくなると言えます。ただし、財務の安全性が悪い企業では、借金するときの金利がアップして、資本コストの低下にはつながらないことがあります。

②自社株買いによって、自己資本を減らす

　この方法を使うと、自己株式は、発行済み株式数から除かれ、自己資本からもマイナスされます。自己資本比率は低下して、資本コストの低下につながります。ただし、過度な負債の活用は財務の安全性を悪化させ、過度な自社株買いは、株価のアップにつながり期待利益率をアップさせるという副作用もあるので注意が必要です。

実践コラム

企業価値を高めることの問題点
～企業を計る新たな視点の提案～

　企業価値は、将来のフリーキャッシュフローの現在価値の合計で決まります。フリーキャッシュフローは、現金ベースの純利益です。純利益は、利益剰余金を増やし、自己資本を増やし、株主価値のアップに貢献します。

　すなわち、フリーキャッシュフローをアップさせて、企業価値を高めることは、株主価値（株価）を高めることと同じことです。この点は第6章で説明したので理解できますね。

　問題は、純利益やフリーキャッシュフローは、配当の原資になり、株主に帰属する点です。従業員などの給与、賞与などはすでに支払われていますから、フリーキャッシュフローは、付加価値全体を示していないのです。

　付加価値は、さまざまなステークホルダー（利害関係者）への分配原資です。本書では売上高から変動費を控除した限界利益を付加価値と位置付けて説明してきました。付加価値の分配先は、ヒト（人件費）、モノ（減価償却費、地代家賃）、カネ（支払利息）、国（税金）、株主（純利益）になります。ヒトへの分配割合を労働分配率、純利益への分配を資本分配率（株主分配率）と言います。

　株主重視の経営は、純利益をいかに増やすかということです。その半面、ヒト・モノ・カネ・国に対する分配をいかに抑えるかという思考に陥る恐れがあります。株主重視の経営が悪い方向に進むと、短期的な利益を追求するマネーゲームが市場を支配してしまう可能性があるのです。バブル崩壊、金融危機などは、悪い方向が現実になった例として、記憶に残っているでしょう。

　もし、あなたが企業の成長を実感できないとしたら、純利益、企業価値、株価で成長を計っているからではないでしょうか。
　その反省から、新たな経営尺度を模索する動きがはじまっています。

たとえば本書で扱った付加価値はどうでしょう。以前からあるものですが、管理会計では重要な指標です。これらを財務会計、すなわち公表される情報として標準化して、企業間や時系列で比較可能な状況を創り出すことができれば、世の中でも「企業の成長」という視点がより重要視されることになるでしょう。

　利益が増えても、それが労働分配率（人件費）などの固定費への分配を抑え、純利益への分配を増やした結果ならば、株主は株価アップで成長を実感しても、経営者や従業員は実感できないでしょう。役員報酬や給与がアップせず、福利厚生も削減されるからです。

　継続的に付加価値が増加していなければ、企業は成長しているとは言えません。付加価値が増えなければ、経営者は、増配も、給与アップもできません。固定費を抑えていては、将来の付加価値は高まるどころか、下がっていくでしょう。

　付加価値を重視することで、次のような発想も引き出されます。戦略投資によって、減価償却費、リース料、人件費などの必要な固定費をかけます。その結果、付加価値が創出され、それを戦略的にステークホルダーに分配し、さらなる付加価値アップに向けて、株主、従業員、金融機関、国から新たな投資（資金）を引き出すことができます。
　掛け声だけの付加価値アップではなく、付加価値を経営指標として目標化してはじめて、継続可能なマネジメントサイクルが実現できるのではないでしょうか。すなわち、企業価値の増加は、付加価値の増加によって実現できるという認識が必要であるということです。

　みなさんはどう考えますか？

INDEX

本書に出てくる用語についての説明で、特に参照していただきたいページをINDEXとしてまとめました。ぜひご活用ください。

■アルファベット

ABC …………………………… 32,142
ABM …………………………… 154
β値 …………………………… 207
CAPM …………………………… 206
CVP分析 ……………………… 52
DCF法 ………………………… 229
EDLP …………………………… 156
IFRS …………………………… 13
IRR ……………………………… 213
MBO …………………………… 216
NOPAT ………………………… 203
PB商品 ………………………… 108
ROA …………………………… 168
ROIC …………………………… 168,204
WACC ………………………… 207

■ア行

粗利益率 ……………………… 17,18
安全余裕額 …………………… 39,95
売上獲得費 …………………… 151,175
売上原価率 …………………… 16,18
売上債権 ……………………… 189,190
売上実行費 …………………… 175
売上総利益率 ………………… 16,18
売上高営業利益率 …………… 76,168,169
売上高付加価値率 …………… 88,89
運転資金の調達高 …………… 192
運転資金の要調達率 ………… 197,198
営業キャッシュフロー ……… 28,29,186
営業所利益 …………………… 104
営業利益 ……………………… 105

■カ行

買入債務 ……………………… 191
会議費 ………………………… 114
外注加工費 …………………… 57
外部環境 ……………………… 174
加重平均資本コスト ………… 207,230
価値連鎖 ……………………… 91,92
活動基準管理 ………………… 154
活動基準原価計算 …………… 32,142
活動計画 ……………………… 174
活動ドライバー ……………… 150
株主価値 ……………………… 230
株主の期待利益率 …………… 206
勘定科目精査法 ……………… 64
完成基準 ……………………… 134

完成品換算数量 ……………… 130
間接固定費 …………………… 159
間接法 ………………………… 186
管理会計 ……………… 12,13,14,15
管理可能個別固定費 ………… 104
管理可能利益 ………………… 104
管理不能個別固定費 ………… 104
機会原価 ……………………… 160
機会損失 …………………… 24,160
期間原価 …………………… 115,117
企業価値 …………………… 229,233
期待利益率 ………………… 202,211
キャッシュフロー ……………… 28
キャパシティコスト …………… 59
業績管理 ……………………… 178
共通固定費 …………………… 104
業務活動原価 ………………… 58,92
許容人件費 …………………… 174
切捨率 ………………………… 204
組別総合原価計算 ………… 127,128
経営安全額 …………………… 39
経営安全率 …………………… 39
計数感覚 …………………… 20,199
経費 ………………………17,98,115
月次決算 ……………………… 178
限界利益 ……………………… 37
限界利益図表 ……………… 43,109
限界利益率 ……………… 22,53,76
原価計算 ……………………… 114

現価係数 ……………………… 201
減価償却 ……………………… 26
減価償却費 ………………… 26,187
原価の3要素 ……………… 17,18,98
原価標準 ……………………… 125
現在価値 ……………………… 200
建設原価 ……………………… 114
高低2点法 …………………… 67
工程別原価計算 ……………… 128
コストプール ………………… 146
固定費 ……………… 34,37,58,74
固定費比率 …………………… 76
固定費予算 …………………… 172
個別原価計算 ……………… 128,133
個別固定費 …………………… 104

■サ行

最小2乗法 …………………… 68
財務会計 ……………………… 12
財務キャッシュフロー ………… 28
材料費 ……………………17,98,116
差額原価収益分析 …………… 164
時間価値 …………………… 199,200
事業価値 ……………………… 229
資源ドライバー ……………… 150
シナジー効果 ………………… 230
実現主義 ……………………… 135
実際原価計算 ………………… 125
資本コスト …………………… 202

資本資産評価モデル ……………… 206
資本分配率 ………………………… 76
純現金収支 …………………… 29,212
準固定費 …………………………… 65
準変動費 …………………………… 64
純利益 ……………………………… 93
正味運転資本 …………………… 197
正味現在価値 …………………… 213
進行基準 ………………………… 134
ステークホルダー ………………… 93
製造間接費 ………………… 116,133
製造原価 …………………… 98,114
製造直接費 ……………………… 116
税引後利益 ………………………… 93
製品別計算 ……………………… 123
設備費 ……………………… 104,175
セールスミックス ……………… 174
全部原価計算 ……………… 124,136
戦略的意思決定 …………… 32,120
総原価 ……………………… 115,162
総合限界利益率 ………………… 174
総合原価計算 ……………… 127,129
総製造費用 ……………………… 129
ソフトウェア原価 ……………… 114
損益分岐点 ………………… 22,36,42
損益分岐点図表 …………… 42,45
損益分岐点の位置 ……………… 39
損益分岐点比率 …………… 39,169
損益分岐点分析 ………………… 31

■タ行

多品種限界利益図表 …………… 109
多頻度小口配送 ………………… 154
短期的意思決定 ………………… 32
短期利益計画 …………………… 46
単純総合原価計算 ……………… 127
直接原価 ………………… 84,133,158
直接原価計算 ……………… 32,124,136
直課 ……………………………… 142
伝統的な原価計算 ……………… 142
等価係数 ………………………… 127
投下資本利益率 ………………… 204
等級別総合原価計算 …………… 127
投資キャッシュフロー ………… 28
投資計画 ………………………… 173
ドラッカー ………………………… 21

■ナ行

内部環境 ………………………… 174
内部利益率 ……………………… 213
人時生産性 ……………………… 165
値入率 …………………………… 156
能力原価 …………………… 59,163

■ハ行

ハイアンドロー戦略 …………… 156
配当利回り ……………………… 207
発生主義による収益の認識 …… 135
ハードル・レート ……………… 204

バリューチェーン	91	ポイント販促費	101,118
非原価項目	118	補助材料費	56
非資金費用	188		
必要売上高	46,172	**■マ行**	
費目別計算	123	埋没原価	163
標準原価	125,126	未成工事支出金	134
標準原価計算	125,126	無関連原価	159,163
標準偏差	70		
比例費	57	**■ヤ行**	
付加価値	21,22,31,83,161,233	予定原価計算	125
不況抵抗力	95,96	予定配賦率	145
複合費	146		
物流費	57,114	**■ラ行**	
部分原価計算	124	利益剰余金	203
部門別計算	123	リエンジニアリング	154
フリーキャッシュフロー	29,182	利害関係者	93
プロジェクト原価	114	利回り	199
分散	70	レバレッジ	232
偏差	70	連産品	128
変動損益計算書	21,31,74	労働生産性	97
変動費	37,56,57,74	労働分配率	76,96,165
変動費比率	53	労務費	17,98,115

千賀秀信（せんが　ひでのぶ）

計数感覚・養成コンサルタント。マネジメント能力開発研究所・代表。東京都生まれ。早稲田大学商学部卒業。中小企業診断士。公認会計士、税理士専門の情報処理サービス業・株式会社TKC（東証1部）で、財務会計、経営管理などのシステム開発、営業、広報、教育などを担当。
1997年にマネジメント能力開発研究所を設立し、経営と会社数字を関連させて考えられる能力（計数感覚）を高めるためのプログラムを考案。「わかりやすさ、具体性」を重視したコンテンツを提供している。上場企業や公的機関などで研修を行なう。
著書に『数字オンチがみるみるなおる！計数感覚ドリル』（朝日新聞出版）、『なぜ、スーツは2着目半額のほうがお店は儲かるのか？』（SBクリエイティブ）、『人気セミナー講師の会計実践講座』（日本能率協会マネジメントセンター）、『計数感覚がハッキリわかる本』、『〔新版〕経営分析の基本がハッキリわかる本』、『会社数字のコツがハッキリわかる本』（3冊ともダイヤモンド社）、『「ベンチャー起業」実戦教本』（共著：プレジデント社）がある。

●マネジメント能力開発研究所のホームページ
　http://keisumaneji.la.coocan.jp/
●INDEXの用語解説および関連情報
　http://keisumaneji.la.coocan.jp/v1-kanrikaikei-info.html
　本書に掲載した図表の一部（カラー版）や関連情報、INDEXにある用語の解説を上記サイトに公開しています。ぜひご覧ください。

かんりかいけい　きほん
管理会計の基本
2011年7月1日　初版発行
2025年7月1日　第17刷発行

著　者　千賀秀信　©H.Senga 2011
発行者　杉本淳一

発行所　株式会社日本実業出版社　東京都新宿区市谷本村町3-29 〒162-0845
　　　　編集部　☎03-3268-5651
　　　　営業部　☎03-3268-5161　振替　00170-1-25349
　　　　　　　　https://www.njg.co.jp/

印刷／壮光舎　　　製本／若林製本

この本の内容についてのお問合せは、書面かFAX（03-3268-0832）にてお願い致します。
落丁・乱丁本は、送料小社負担にて、お取り替え致します。
ISBN 978-4-534-04845-5　Printed in JAPAN

日本実業出版社の本
会計・経営戦略の本

好評既刊!

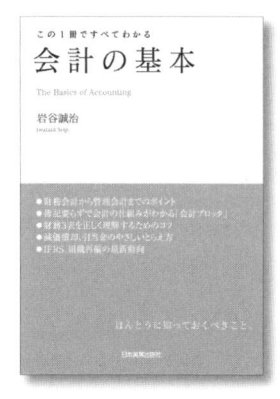

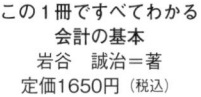

この1冊ですべてわかる
会計の基本
岩谷　誠治＝著
定価1650円（税込）

この1冊ですべてわかる
〈新版〉経営戦略の基本
（株）日本総合研究所
経営戦略研究会＝著
定価1870円（税込）

この1冊ですべてわかる
〈新版〉マーケティングの基本
安原　智樹＝著
定価1760円（税込）

〈新版〉経理＆会計のための
Excel入門
井ノ上　陽一＝著
定価2420円（税込）

経営戦略
ワークブック
河瀬　誠＝著
定価2750円（税込）

新装版
世界一やさしい会計の本です
山田　真哉＝著
定価1430円（税込）

定価変更の場合はご了承ください。